AF222693

All Denen, die das Reisen noch als Genuss ansehen und es mit offen Augen und wachem Herzen genießen, die sich darin ein wenig Kindheit bewahren konnten und Denen, die nur in ihren Träumen reisen können.

So weit, so gut, zum Zweiten

Geschichten vom Reisen ergänzt, überarbeitet und bebildert

© 2011 Wolfgang Arndt
ISBN 978-3-8423-3131-0
Herstellung und Verlag: Books on Demand GmbH, Norderstedt

Inhaltsverzeichnis

1	Bushmantrail…………………………………	6
2	Südseeabenteuer……………………..….…....14
3	Eclipse…………………………………….....22
4	Indische Erfahrungen…………………………..27
5	Abenteuer im Okavangodelta……………....…...33
6	Die Nacht der zornigen Winde………………...41
7	Einmal Hölle und zurück………………...………..46
	Fotostrecke…………………………………..56
8	Es wird Nacht in Venedig………………..………68
9	Den Amazonas hinauf…………………………77
10	Unter Löwen und Elefanten………………………93
11	Moskitos, Mekong, Millionäre………………......105
12	Die Reise, die nie stattfand………………………120
13	Nachwort………………………………………...128
14	Orte die ich sehen möchte…………………......…..129
15	Dinge die ich erleben möchte…………………......133
16	Mein Reisetagebuch……….…………....………..137

1. Bushmantrail
Unterwegs im Caprivi

Die Geräusche der Nacht sind noch lange nicht verklungen und schwellen gegen Morgen zu einer neuen Melodie an. Es ist noch nicht einmal 5 Uhr, als wir gnadenlos geweckt werden. Wir, das sind Werner, Frank und Wolfgang, Arbeitskollegen, die aufgebrochen sind, um im fernen Namibia das Abenteuer ihres Lebens zu erleben. Organisiert hat das Ganze Jörg, ein Freund, der schon lange in Namibia lebt und als Tourguide arbeitet. Der hat also gerade unsere Nachtruhe beendet, denn heute beginnt der Trail. Wir haben gestern Abend die Ausrüstung zum tausendsten Mal kontrolliert und alles griffbereit gelegt. Jetzt heißt es noch eine kurze Morgenwäsche und Anziehen, denn der Tag wartet auf uns und die Dämmerung löst die Nacht ab. Alle sind ziemlich ruhig und verspeisen die Poikiereste vom Vorabend. Jeder hängt seinen Gedanken und Erwartungen nach und noch weiß keiner so richtig, auf was wir uns hier im Caprivi eingelassen haben.

Gestern haben wir unsere Begleiter die Buschleute zum ersten Mal kennen gelernt und mit ihnen gemeinsam die Wasserkanister vergraben. Zwei mal 25 Liter. Das sollte reichen für die geplanten 2,5 Tage. Hoffentlich finden wir auch alles wieder, aber die Buschleute strahlen Kompetenz und Zuverlässigkeit aus. Wir fassen Vertrauen zu ihnen und langsam schwindet die Distanz. Am Nachmittag treffen wir uns in unserem Camp an den Popa Falls. Thadeus hat seine beiden Frauen dabei und wir brechen zu einem kleinen Ausflug in den Mahangopark auf. Die Frauen schnattern und lachen und sind aufgeregt. Ich denke, dass ist ihr erster Ausflug im Leben und dann auch noch in Jörgs Jeep. Der Park ist wundervoll und immer wieder beobachten wir die afrikanische Tierwelt.

Am Abend gibt es dann leckeren Poikie und bei Bier und Wein und Captain Morgan werden die nächsten Tage besprochen. Wir gehen früh zu Bett und freuen uns auf die kommenden Tage.

Mit der aufgehenden Sonne sitzen wir im Jeep und fahren in das Dorf der Buschleute. Als wir uns der Hütte von Thadeus nähern sehen wir auf einmal ein Fahrzeug, was so gar nicht in das Bild passt. Ein Jeep der Regierung wartet dort und wir ahnen, dass erste Schwierigkeiten auf uns zukommen. Eine lange Diskussion um unseren Trail entbrennt. Der Beamte meint sogar, dass es sich um eine politische Veranstaltung handeln könnte. Schließlich gelingt es Jörg und Thadeus alle Bedenken zu zerstreuen und wir erhalten grünes Licht. Die Tour kann beginnen. Unsere Begleiter für die nächsten Tage sind Thadeus, der Chief dieser Gemeinschaft, Wintas, ein jüngerer Jäger und Mboma ein uralter Medizinmann. Schnell sind die restlichen Dinge die wir benötigen verstaut und wir brechen endgültig auf, weg von der Zivilisation, auf in den Busch. Und da ist schon die Stelle wo der Marsch beginnt, ein letztes Foto noch und dann wird Jörg uns verlassen.

Nachdem wir so 10 Minuten gelaufen sind halten wir das erste Mal an und Mboma beginnt mit geschickten Händen und zwei Stöcken Feuer zu machen und siehe da, schon nach wenigen Minuten steigt Rauch auf, die Glut entfacht trockenes Gras und das Feuer brennt. Wir sind beeindruckt. Nun wird das wichtigste Jagdutensil, die Hasenangel, zusammengesetzt. Es ist dann ein rund 6 m langer Stock mit einem Haken am Ende, um Springhasen oder andere Tiere in ihrem Bau zu fixieren. Der Einsatz von Pfeil und Bogen oder anderen Jagdwaffen ist den Buschleuten hier verboten. Jetzt wird Tabak dem Feuer geopfert für eine erfolgreiche Jagd. Wir folgen auch sofort einer Springhasenfährte durch den Busch. Na ja, wir folgen den Buschleuten und sie der Fährte, denn wir sehen nichts. Die Zeit vergeht und nach einer Stunde verlieren wir die Spur. Mittlerweile brennt die Sonne heiß vom Himmel, und das mitgenommene Trinkwasser ist fast zu Ende. Thadeus fragt uns, wo wir die Wasserstelle vermuten. Unsere Angaben sind vage und sehr unterschiedlich, aber schließlich bekommen auch wir mit, dass wir nur noch ein paar Meter zum erlösenden Wasser haben. Schnell werden noch ein paar Nüsse gesammelt und geknackt und die erste Mittagsrast beginnt. Mein Gott, wie sehen schon unsere Hände aus. Pechschwarz von verbrannter Erde und auch die Gesichter sind mit Staub überzogen. Wir bekommen langsam Hunger und lassen noch einmal die Erlebnisse des Vormittags an uns vorbeiziehen. Da war die Antilope, dann eine Kudufährte der ein Leopard folgte, ein paar Hasenspuren und eine Puffotter in einem Erdloch, ja und nicht zu vergessen das Erdmännchen, das zu schnell für uns war. Aber erst mal ausruhen, ein wenig Kraft tanken für die Jagd am Nachmittag. Das Trockenfleisch lassen wir den Buschleuten. Wir wollen schließlich frischen Hasenbraten und so brechen wir gegen halb drei wieder auf zur Jagd.

Am Himmel sind dunkle Wolken aufgezogen und in der Ferne grollt der Donner. Wir werden also Regen bekommen. Erste Tropfen fallen schon aber das stört uns nicht. Weiter geht es Stunde um Stunde durch verbranntes Buschland auf den Spuren der Springhasen. Plötzlich lässt Wintas alles Fallen und legt einen 200 m Sprint hin. Er hat auf diese Entfernung tatsächlich ein Erdmännchen gesehen und mit der Hand erwischt ehe es in seinem Bau verschwinden konnte. Stolz zeigt er seine Beute. 250 g Lebendgewicht für 6 erwachsene Männer.

Wir gehen zurück zur Wasserstelle, denn es wird bald Abend. Trinken, trinken, trinken, das ist auch gut gegen den Hunger. Nun beginnen wir uns einzurichten. Bald sind Bäume gefunden, wo wir unsere Hängematten befestigen können und wir machen es uns gemütlich. Die Buschleute haben sich ein Bett aus Zweigen bereitet. Dann rufen sie uns zu, dass wir viel zu weit entfernt wären und schnell in den Schutz der Feuer kommen sollten. Nur sind dort viel zu wenige Bäume für unsere Hängematten. Kein Problem für die Buschleute, innerhalb von 20 min haben sie für uns Bäume gefällt und eingegraben, so dass wir es uns im Schutz der Gemeinschaft gemütlich machen können. Die Messer stecken griffbereit in den Bäumen und wir trinken warmes Wasser gegen Durst und Hunger. Elefanten sind ganz in der Nähe und wir entzünden 3 große Feuer. Langsam wird es Nacht. Die Buschleute rufen uns näher und Mboma beginnt in der Sprache seines Volkes zu erzählen. Thadeus übersetzt. Er spricht vom Leben und Sterben seines Volkes im Busch, von alten Traditionen, von Entbehrungen und von Glück, von Gefühlen und wir hören ihm staunend zu. Bei den Jagdgeschichten laufen kalte Schauer über unsere Nacken und wir rücken noch ein Stück näher zusammen. Es ist Nacht geworden und wir kriechen in unsere Hängematten. Blitze zucken und der Wind jagt die Wolken. Gegen 1 Uhr morgens bricht das Gewitter richtig los. Wir ziehen um ans Feuer und wärmen uns ein wenig und die Nacht singt mit den Stimmen der Tiere. Wieder legen wir uns hin und ein Glücksgefühl überwältigt mich. Das ist Afrika, der Busch und ich bin mittendrin. Es ist so ein Gefühl was satt macht und zufrieden und einen vollkommen ausfüllt. Eins mit mir selbst und der Natur und ich schlafe wieder ein. Gegen 4 Uhr ist der Regen heftiger geworden und wir suchen wieder Schutz am Feuer. Elefanten trompeten in der Nacht und wir schlafen wieder ein, ehe halb 6 die Nacht endgültig vorbei ist.

Wir räumen das Lager und der neue Jagdtag beginnt. Noch immer regnet es leicht, aber das stört uns nicht. Als wir die Straße überquert haben sehen wir auf einmal die Lichter eines Fahrzeugs; schnell zurück und nachschauen. Es ist Jörg, der sieht ob wir alle ok sind und weitermachen können und er hat zwei Flaschen eiskalten Sprudel dabei. Wir reißen ihn aus seinen Händen und schnell sind die letzten Tropfen in 6 durstigen Kehlen verschwunden. Besser wie Champagner. Und weiter geht die Jagd. Wir sehen einen kleinen Kronenducker, aber auch der war zu schnell für uns und die letzte Mahlzeit liegt mittlerweile 26 Stunden zurück. Kein Ducker, kein Hase, kein Erdmännchen. Der Regen hat aufgehört und die Sonne brennt gnadenlos auf den weißen Sand herab. Gegen halb 11 erreichen wir die zweite Wasserstelle und trinken durstig. Müde lassen wir uns auf dem Boden nieder.

Thadeus und Mboma erkunden die Gegend und wir hören Wintas neugierig zu, der uns von den politischen Verhältnissen im Caprivi erzählt und von seinem Leben. Er war sogar eine Zeit lang Mitglied im berühmt, berüchtigten Batallion 201, dem Buschmannbatallion in Camp Omega. Die härtesten Kämpfer der Welt. Mensch, Werner hat sogar einen Kamm dabei. Endlich komme ich mal durch meine langen Haare. Ein tolles Gefühl. Viel zu schnell ist die Rast vorbei und es heißt wieder weiter. Wir kommen in dichtes Buschland und die Buschleute ermahnen uns zu absoluter Vorsicht. In den kurzen Pausen sinken wir zu Boden wo wir gerade sind.

Aber auch jetzt bleibt unsere Jagd erfolglos. Nicht mal wilde Bienen finden wir, um wenigstens Honig zu bekommen. Wie überleben diese Menschen das nur. Auch wir ernähren uns nun schon den zweiten Tag nur von Wasser. Ich stöbere einen Springhasen auf, aber keiner hat mehr die Kraft ihm zu folgen. So richten wir schließlich unser Nachtlager. Auch wir bauen uns heute ein Bett aus Zweigen und schlafen erschöpft ein. Gegen 3 Uhr weckt uns wieder Regen, der glücklicherweise schnell vorbei ist. Die Wolken verziehen sich und über uns leuchtet der schönste Sternehimmel den man sich vorstellen kann. Sogar ein Satellit ist auf seiner Bahn zu sehen und schließlich schlafen wir zufrieden wieder ein.

Morgens stellen wir fest, dass Elefanten nur in 50 m Entfernung an unserem Lager vorbei gezogen sind. Die Buschleute haben sie gehört, zeigen sie uns aber erst, als die letzten im Busch verschwinden.

Sie sind rührend besorgt um unsere Sicherheit und gleich werden wir wieder aufbrechen. Hungrig, durstig, aber bereit zu neuen Abenteuern.

Doch wieder ist die Jagd erfolglos. Thadeus und Wintas verfolgen einen Ducker, aber es will einfach nichts glücken. Wir hocken im Kreis und Mboma ermahnt noch einmal alle. Wir können doch nicht erfolglos ins Dorf zurück. Vielleicht liegt es ja an uns, vielleicht sind wir einfach zu laut. Wir bieten den Buschleuten an, sie sollten ohne uns jagen und wir gehen schon zum Abholpunkt. Sie stimmen zu und wir machen uns auf den Weg. Dort fachen wir das Feuer an und erkunden noch ein wenig die Umgebung. Oh, sogar ein Busch mit Früchten ist hier. Meinkeappel oder wie immer sie heißen. Kleine, runde, orangefarbene Früchte, die etwas säuerlich und leicht bitter schmecken. Wir teilen auch das letzte Wasser ein. Vielleicht vergisst uns Jörg ja. Was dann? Schließlich sind wir müde und schlafen ein. Rufe und das Geräusch schneller Schritte weckt uns. Vor uns stehen, schweißüberströmt, die Buschleute. Elefanten waren und gefährlich nahe gekommen und wir haben nichts bemerkt. Das Feuer war fast aus und das Ganze hätte sehr böse enden können. Das zeigt uns wiedereinmal, wie hilflos doch der weiße Mann ist. Wir sind den Buschleuten dankbar. Sie haben uns das Leben gerettet. Die Jagd war wieder erfolglos und das tut uns total leid.

Wir hören ein Motorengeräusch und Jörgs Jeep schiebt sich durch den Busch. Glücklich fallen wir uns alle in die Arme und das erste eiskalte Bier rinnt durch die Kehlen. Für die Buschleute gibt es Cola. Wir sind einfach glücklich. Diese Erlebnisse werden uns noch lange prägen. Wir Drei sind

Freunde geworden in diesen Tagen und wir haben drei neue Freunde für das Leben dazu gewonnen. Sie haben einen Vorhang weggezogen von ihrer Welt und haben uns Einblick gegeben in ein Leben voller Entbehrungen und Gefahren aber auch voller glücklicher Momente. Sie haben etwas mit uns geteilt, was uns tief beeindruckt hat und was tief in unseren Herzen nachklingt.

Dem Teil eines Volkes so nahe zu sein, was unbeachtet und still in einem Zipfel dieser Welt um sein Überleben kämpft ist für uns eine Erfahrung, die uns verändert. Nicht nur oberflächlich, nein sie hat nach unseren Herzen gegriffen und unseren Verstand geschärft. Das Zusammenleben von Schwarz und Weiß ist oft geprägt von Missverständnissen füreinander. Hier ist in wenigen Tagen eine Gemeinschaft und Freundschaft gewachsen, wie es kaum vorstellbar war. Mögen wir diese Erfahrung hinaustragen und möge sie überall offene Herzen finden.

2. Südseeabenteuer
Unterwegs in Tonga

Endlich in der Südsee. Tonga heißt das Traumziel. Als Kind habe ich Bücher darüber verschlungen und die darin beschriebenen Abenteuer tausendmal erlebt. Nun stehe ich hier an einem weißen Traumstrand und die Wellen umspülen meine Beine. Es ist 5.00 Uhr morgens und an Schlaf ist nicht mehr zu denken. Viel zu groß ist die Erwartungshaltung und als endlich die Sonne aufgeht und die Insel in strahlendes Licht taucht kann ich meine Bewunderung nicht verbergen. Ein weißer Strand voller Muscheln. Kleine Krebse bewegen sich flink hin und her. Nicht weit vom Strand wiegen sich Palmen leicht im Wind und nicht weit weg höre ich die Brandung des Außenriffs.

Plötzlich finden meine Augen einen Punkt in der Ferne der sich bewegt. Was ist das. Dunkel zieht dort ein Wesen seine Bahn. Delfine denke ich im ersten Moment und im zweiten: nein, viel zu groß. Also müssen es doch... und da steigt schon eine riesige Fontäne in den Morgenhimmel. Ja es ist ein Wal. Buckelwale gibt es hier. Das habe ich gelesen, aber so ein Tier dann auch zu sehen ist schon etwas ganz Anderes. Es ist ein erhabenes Gefühl, diesen Riesen zu begegnen und man wünscht sich mehr Nähe. Immer wieder gleiten die schwarzen Rücken elegant durch das Wasser und ab und an spritzt eine riesige Fontäne in die Luft. Warum gibt es Menschen, die solche wundervollen Tiere jagen. Dieser Tag scheint perfekt zu werden.

Jürgen hat uns zu einer Wanderung zum Riff eingeladen. Wir haben ein wenig gestaunt, aber das Wasser ist tatsächlich so weit zurückgegangen, dass wir die Riffkante wohl zu Fuß erreichen werden. Drei Insulaner sind dabei die verbleibenden Wasserlöcher nach Fischen abzusuchen und sie haben ziemlichen Erfolg. Auch uns tut sich hier und da eine geheimnisvolle Welt auf. Kleine bunte Fische tummeln sich in Pfützen. Winzige Korallenbänke tauchen auf und plötzlich liegt ein Seestern im flachen Wasser vor uns. Er glänzt dunkelblau und wir nehmen ihn vorsichtig heraus um ihn zu betrachten. Man fühlt sie wie mitten in einem riesigen Aquarium, dass man staunend durchschreitet und immer wieder tun sich neue, paradiesische Bilder auf.

Endlich stehen wir an der Riffkante und der Spray bedeckt uns. Es ist glitschig und wir bewegen uns sehr vorsichtig, damit das Meer uns nicht zu sich holt. Schließlich ist genau an der Kante des Tongagrabens. Über 10.000 m geht es senkrecht nach unten in die geheimnisvolle Tiefe. Jürgen erzählt uns, dass sich ab und an Hummer auf dieser Riffkante tummeln, die dann von den Einheimischen gesammelt werden. Uns läuft natürlich sofort das Wasser im Mund zusammen aber es bleibt nicht viel Zeit darüber nachzudenken, denn langsam kommt die Flut.

Schnell ziehen wir uns in Richtung Insel zurück und genießen, wie sich die Palmen in der Sonne wiegen und warmes Wasser um unsere Füße kräuselt. Jürgen erzählt uns vom Leben auf Tonga und von den Menschen und bietet uns an, gemeinsam mit ihm am Sonntag einen Gottesdienst zu besuchen. Begeistert nehmen wir an. Dieses Erlebnis wird noch lange in uns nachklingen, dieser unbeschwerte

Umgang mit Religion, diese Fröhlichkeit, die festlich angezogenen Menschen und ihr unbeschwerter Gesang in der Kirche. Aber jetzt gibt es erst einmal auf der Terrasse ein eiskaltes Bier und die Pläne für den Nachmittag werden geschmiedet. Doch zunächst bietet die Hängematte unter Palmen Schutz vor der sengenden Sonne und wir schlafen ein wenig.

Schwimmen und Schnorcheln wäre jetzt schön und schnell sind die entsprechenden Sachen angelegt. Es ist wie im Paradies. Schon im flachen Wasser tummeln sich bunte Fische und die ersten Riffe sind nur 10 m vom Strand entfernt. Je weiter wir hinaus schwimmen um so schöner sind die Einblicke, die uns das Meer bietet. Papageienfische in allen Farben, bunte Korallen, Seegurken. Muränen, immer wieder neue Eindrücke, die man kaum verarbeiten kann. Ich fühle mich in ein riesiges Aquarium versetzt und genieße es, mich im warmen Wasser treiben zu lassen und all die Herrlichkeiten zu bestaunen. Das Meer ist vollkommen still, da das Außenriff uns schützt und so können wir ohne Angst immer wieder hinabtauchen in diese Stille und doch so eindrucksvolle Welt. Neugierig berühren Fische meinen Körper und wenn ich ganz still halte schmiegen sie sich an mich und knabbern auch ab und an an mir. Ein seltsam vertrautes Gefühl stellt sich dabei ein.

Es ist noch etwas Zeit bis zum Abendbrot und wir beschließen mit einem Kanu zur Nachbarinsel zu paddeln. Schnell ist es zu Wasser gebracht und los geht es. Die Insel ist nur ca. 1 km entfernt, aber wir haben zwischendurch eine heftige Querströmung zu überwinden. Schließlich landen wir an einem menschenleeren Strand. Keine Spur ist zu sehen und sie wurde lange nicht mehr von Menschen betreten. Wir machen uns auf Entdeckungstour in das Inselinnere. Wir folgen verwachsenen, kaum erkennbaren Pfaden, durch das Dickicht und erreichen schließlich steinerne Mauern, die schon sehr alt sind. Sie gehören zu einem Taubenturm. Hier luden die früheren Häuptlinge ihre Gäste zur Jagd auf Tauben ein und alle wichtigen Entscheidungen im Stammesleben wurden hier gefällt. Es wurde über Krieg und Frieden, über Leben und Sterben verhandelt. Ehrfürchtig lassen wir unseren Blick streifen und erkennen in weiter Ferne einen großen Baum, der seltsam behangen ist. Das muss erkundet werden. Der Weg führt uns am Strand entlang, aber immer wieder unterbrechen die Gaben des Meeres unser Vorankommen. Schnecken, Muscheln, Deckel von Muscheln, versteinerte Stacheln von Seeigeln, der Strand ist übervoll von all diesen Dingen in allen Größen und Farben. Schließlich erreichen wir unser Ziel und entdecken, dass der Behang des Baumes Fliegende Hunde sind, die nun in der hereinbrechenden Abenddämmerung auf Jagd ausfliegen.

Nun aber schnell zurück und wir schaffen unser Kanu wieder ins Wasser und paddeln zu unserer Anlage zurück. Unter einem riesigen Baum genießen wir bei einem Drink den Sonnenuntergang ehe wir uns zum Haupthaus begeben. Dort erwartet uns gleich ein perfektes Abendessen und der Traum vom Hummer heute Vormittag wird wahr. Dazu gibt es einen Papayasalat. Die Hausmädchen servieren jeden Gang mit einem Lied auf den Lippen. Leise zwar, aber getragen von einer Fröhlichkeit, die direkt aus dem Herzen zu kommen scheint. Dann versammeln sich Alle draußen um ein Feuer, Musikanten und Tänzer sind gekommen, um uns mit ihren Darbietungen zu verwöhnen. Nicht lange und wir wiegen uns im Rhythmus der Südseemelodien, die uns bis in den Schlaf begleiten. Über uns strahlt das Kreuz des Südens und ein letzter Blick fällt auf den Wendekreis des Krebses. Das ist es, wovon schon Miller und Michener geschwärmt haben und ich darf diese Schönheiten nachempfinden. Das Herz fühlt diese Ruhe, das sanfte Schlagen des Meeres und den Flügelschlag der jagenden Vögel, bis ein neuer Tag erwacht.

Whalewatching steht auf dem Programm. Reimar hat eine Tauchschule hier auf der Insel und ist gerade da, um sich um sein Geschäft zu kümmern. Aber er hat eine tolle Vertreterin hier auf Tonga, Monika Rimini, „Tauchen ohne Angst" hat sie geschrieben und wer sie erlebt der spürt, diese Frau weiß genau, wovon sie spricht. Er hat uns zu einem Ausflug auf das Meer eingeladen. Wir haben einen erfahrenen Steuermann dabei, der ansonsten das Kirchenboot fährt und so begeben wir uns auf hohe See und in Gottes Hand.

Die Wellen wiegen uns und bei allen beteiligten macht sich eine Spannung breit. Immer wieder suchen die Augen den Horizont ab. Wo mögen sie sein die sanften Riesen? Woran werden wir sie erkennen? Wir haben längst das Außenriff hinter uns gelassen und befinden uns auf dem offenen Meer. Plötzlich ist in der Ferne eine riesige Fontäne zu sehen und gleich darauf noch Eine. Wale; sofort ist alles hellwach. Langsam nähern wir uns den Tieren, besorgt sie nicht zu verschrecken. Aber auch sie haben uns bemerkt und halten auf unser Boot zu. Reimar erzählt uns, dass Wale sehr neugierig sein können, genau wie wir Menschen. Und dann sehen wir sie zum ersten Mal. Drei Tiere sind es. Ein

Muttertier von ungefähr 12 m Länge und ihr Jungtier von ca. 9 Monaten und dazu ein stattliches Männchen von 16 m mit cincr Haiverletzung am Rücken. Wir halten fast den Atem an, als sie sich unserem Boot nähern. Sie sind viel größer wie wir. Spielerisch taucht das Jungtier immer wieder unter uns durch.

Ich bin total in die Schönheit des Augenblicks versunken, als mich schließlich Reimars Stimme aus den Träumen reißt. „Willst Du nicht zu ihnen ins Wasser?" Diese Frage habe ich mir auch schon selbst gestellt, aber nicht zu hoffen gewagt, dass es möglich ist. Schnell habe ich Taucherbrille und Schnorchel ergriffen und höre auf die letzten Instruktionen von Reimar. „Beobachte die Tiere sehr genau! Nähere dich nur so, dass sie dich sehen können, also von vorn oder von der Seite! Achte auf ihre Reaktionen! Sei vorsichtig wegen Haien!" Mit einem Sprung tauche ich in das Meer und mir bleibt fast das Herz stehen vor der Schönheit des Anblicks der sich mir bietet. Das Weibchen liegt in 2 Meter Tiefe waagerecht im Wasser und darunter steht senkrecht das riesige Männchen. Das Jungtier zieht nach wie vor spielerisch seine Kreise und verharrt nach jeder Runde kurz bei seiner Mutter, so als ob es sich die Erlaubnis für die nächste Runde holt.

Beeindruckt nähere ich mich vorsichtig den Tieren, immer darauf bedacht sie nicht zu erschrecken. Sie sind nun nebeneinander und schauen mich an. Ihre Augen sind riesig und ich nähere mich immer weiter. Gebannt verfolge ich ihre Reaktionen und merke, dass sie genau so neugierig auf mich sind wie ich auf sie. Schließlich erlauben sie es mir sie zu berühren. Ich kann mein Glück kaum fassen als ich die riesigen Körper an meiner Hand spüre. Ich merke wie sie auch mit mir Kontakt suchen, wie behutsam sie vorgehen um mich nicht zu verletzen. Es ist einfach unbeschreiblich schön, das erleben zu dürfen.

Raum und Zeit sind längst vergessen und ich glaube zu träumen. Es könnte ewig so weitergehen, aber die Wassertemperatur macht sich doch langsam bemerkbar und ich beschließe, zum Boot zurückzukehren. Als ich den Kopf hebe, bin ich gerade auf einem Wellenkamm und sehe das Boot in einer Entfernung von ca. 150 m. Ich mache die ersten Schwimmzüge und mich durchzuckt die Erkenntnis: das schaffst du nie! Die Flossen vergessen bei diesem Wellengang auf dem offenen Meer. Aber natürlich hat man mich vom Boot aus genau beobachtet und kommt mir entgegen. Erschöpft aber überglücklich steige ich an Bord. Die Wale bleiben noch weitere 3 Stunden bei uns, ehe sie sich in den Tiefen der Südsee verabschieden. Ich kann nicht reden über dieses Erlebnis und schweige für den Rest der Tour und genieße den Blick der sich meinen Augen bietet. Es ist ein Erlebnis, von dem ich nie zu träumen gewagt hätte.

Als wir den Strand erreichen bedanke ich mich ohne große Worte bei Reimar, der uns ein solches Erlebnis ermöglicht hat. Er, der selbst ein begeisterter Tierfilmer ist, spielt uns zum Abschluss die Gesänge der Wale vor, die im Ozean meilenweit zu hören sind. Dazu der schwere Duft der üppigen Blumen und die träge Hitze des Tages. Bei einem guten Glas Wein lasse ich den Tag ausklingen auf einer Bank um in aller Stille beobachten zu könne wie die Sonne im Meer versinkt und überlege, was meine neuen Freunde wohl alles erleben werden.

Ja die Südsee, viele Menschen hat sie schon in ihren Bann geschlagen. Forscher, Abenteurer, Auswanderer. Sie ist und bleibt auch heute noch das Traumziel Vieler und für mich ist dieser Traum wahr geworden. Blicke in eine exotische Welt, die so ist wie ich sie mir geträumt habe. Eine Welt voller Farbe, Magie und Schönheit, voller Gesang und Tanz, voller alter Rituale. Doch die neue Zeit beginnt auch hier ihre Löcher zu nagen, an einem der letzten Paradiese dieser Erde.

3.   Eclipse
Sonnenfinsternis in Sambia

Dunkelheit hüllt mich ein wie ein warmes, weiches Tuch und ich liege mit offenen Augen da und atme die Nacht. Schlafen kann ich noch nicht, obwohl die Öllampen, die den Weg zu den Zelten weisen, längst verloschen sind. Gedanken türmen sich in meinem Kopf, denn es war ein ereignisreicher Tag und am Morgen steht auch noch die Sonnenfinsternis bevor. Wir sind in Sambia angekommen und es war ein harter Weg. Ein Glück, das Jörg noch bemerkt hatte, dass ein Rad am Jeep zu schlingern begann. Nicht richtig festgezogen, die Radmuttern verloren und zwei Steckachsen abgeschert. Irgendwo im Nirgendwo. Das hätte böse ausgehen können. Die Sonne brennt unbarmherzig herab und wir haben noch mindestens 300 km Schotterpiste bis zum Camp vor uns. Also fassen alle an und es wird improvisiert. Irgendwie gelingt es uns auch das Reserverad zu befestigen. Nun stoppen wir alle 10 km und überprüfen den festen Sitz. Es hält und mit der einbrechenden Dämmerung erreichen wir das Camp. Das Abendessen ist vorbereitet und in einer Kiste ist Bier auf Eis gelegt. Die erste Flasche spült den Staub des Tages aus der Kehle, ein richtiger Genuss. Schnell ist auch die Zweite geöffnet und langsam macht sich Ruhe in Körper und Kopf breit. Herrliches Fleisch von Zebra und Oryx brutzelt auf dem Grill und der Duft verführt die Nase und lässt das Wasser im Mund zusammenlaufen. Wir stärken uns, Fleisch, Salat, Brot. Immer wieder wird der Teller nachgefüllt. Essen wenn Essen da ist, denn keiner weiß, was die Zukunft bringt. So tun es die Buschleute, von denen wir in dieser Nacht noch viel hören werden.

Reinhard Friedrich ist zu uns gestoßen, ein absoluter Experte wenn es um Buschleute geht, und er wird uns ein Stück unseres Weges begleiten. Wir versammeln uns gemeinsam um das Lagerfeuer oder um das, was mal eins werden will, denn noch brennt hier nichts, Kein Problem für Reinhard, der mit geschickten Händen, zwei Stöcken und etwas trockenem Gras, das Feuer entfacht. Kein Lagerfeuer wie wir es gewöhnt sind sondern eher spärlich. Ein Ast wird nach und nach in die Glut geschoben. Nichts wird verschwendet, sondern die Gaben der Natur werden mit Achtung und Ehrfurcht behandelt. Schnell noch einmal mit frischem Bier bewaffnet, lauschen wir nun Reinhards Erzählungen über die Buschleute, ihr Leben, die Klicksprache, Jagd, Landminen, Krieg und über das Überleben im Busch. Ein Teller mit getrockneten Termiten macht die Runde und schmeckt uns vorzüglich. Immer tiefer sinkt die Nacht herab. Als Krönung des Abends leiste ich mir eine Buschmannausrüstung. In einer Tasche aus einem kleinen Antilopenfell ist alles was die Buschleute auf ihrer Jagd begleitet. Der kleine Bogen, ein paar Giftpfeile in einem hölzernen Köcher, der mit der Haut von Antilopenhoden fest verschlossen ist und auch die notwendigen Hölzer zum Feuermachen enthält, ein kurzes Kiri, das absolut tödliche Schlagholz, ein handgeschmiedetes Messer und ein kurzes Beil. So gerüstet wandere ich durch die Nacht zum Zelt zurück. Lange klingen die Erlebnisse und Erzählungen nach aber irgendwann wird der Schlaf übermächtig.

Der Morgen ist erwacht und schnell ist die Toilette erledigt. Auf, auf, ja nichts verpassen. Heute ist der große Tag der

Sonnenfinsternis. Wir sind nur ein paar Kilometer von der angolanischen Grenze auf sambischem Territorium, ein nicht ganz ungefährliches Gebiet. Trotzdem entscheiden wir uns, unseren Beobachtungsstützpunkt ganz in der Nähe des Grenzpostens aufzuschlagen, da genau dort die Sonne ihren Weg nimmt und eine ausgezeichnete Beobachtungsmöglichkeit in freiem Gelände besteht. Gegen 07.10 Uhr soll das Schauspiel beginnen und eine knappe Stunde andauern. Während dieser Zeit, wird sich die der Mond für 42 Sekunden vor die Sonne schieben und eine totale Finsternis auslösen. Alles sieht gut aus, als wir das Camp gegen 06.00 Uhr verlassen und Richtung Grenze aufbrechen. Die Schutzbrillen werden vor Ort verteilt und jeder sucht sich seinen perfekten Platz. Die Kameraausrüstung wir aufgebaut, alles griffbereit gelegt und die Spannung steigt. Unsere Aktivitäten bleiben natürlich den sambischen Grenzposten nicht verborgen und sie verlassen ihre Stellungen und nähern sich neugierig und mit voller Bewaffnung.

Der Postenführer spricht ein wenig Englisch und ist ganz erstaunt, als wir ihm erzählen, was sich in Kürze hier ereignen soll. Schnell sind wir alle im Gespräch und neugierig wird unsere Ausrüstung betrachtet und begutachtet. Besonders Foto, Video und Ferngläser haben es den Jungs angetan. Innerlich bin ich sehr unruhig. Was, wenn sie uns alles wegnehmen, gegen diese Leute sind wir vollkommen wehrlos und ein Menschenleben ist in dieser Gegend nichts wert. Wir verteilen eiskalte Cola und Schutzbrillen und spüren auf einmal, dass wir neue Freunde gewonnen haben und jedes Gefühl der Angst vergeht. Schön auf solche Art Freunde zu finden, gemeinsam etwas zu erleben und voneinander zu lernen.

Die Welt hat sich verändert und der Morgen beginnt zu atmen wie die Nacht. Eine Veränderung die spürbar ist und die sich wie ein kalter Atemzug ums Herz legt. Die Ersten die es feststellen sind die Vögel, denn sie beginnen ihr Abendlied zu singen, noch ehe alles richtig beginnt. Die Schatten ändern sich und auch das Licht und es wird kühler, als der Mond langsam beginnt, sich vor die Sonne zu schieben. Es ist wie Magie, irgendwie unwahr, märchenhaft und doch erschreckend real. Die Vögel sind nun vollkommen verstummt und Wind kommt auf. Abendwind, der die letzten Wolken vor diesem Schauspiel vertreibt. Unaufhaltsam wandert der Mond weiter und hat die Sonne fast schon zur Hälfte bedeckt. Immer wieder klicken Kameras, werden Filme gewechselt aber das Schauspiel wird tiefgründiger und die Unterhaltung immer spärlicher, bis auch die Menschen verstummt sind. Noch hat die Sonne die Form einer dicken Banane, aber die Dunkelheit nimmt immer mehr zu. Es ist ein unheimliches und sehr diffuses Licht, was sich immer mehr ausbreitet und den erwachenden Tag langsam verschlingt.

Nein es ist kein Licht, es ist Dämmerung, welche die Konturen langsam verschwimmen lässt und unklare Schatten zeichnet. Dazu große Schatten die am Horizont entlang fliegen. Ich habe das Fotografieren schon fast vergessen, so gefangen bin ich von diesem Schauspiel und muss mich zwingen auch etwas zu tun, den Moment festzuhalten, denn es wird schwer werden, dieses zu beschreiben. Jetzt ist der große Moment gleich da. Der

Mond verdeckt die Sonne fast vollkommen und es ist Nacht, keine zwei Stunden nachdem die Sonne aufging. Nur ein schmaler Lichtkreis umhüllt den Mond, die Sonne ist verschwunden und die Erde liegt da in Dunkelheit und Kälte. Sekunden denen sich zu Ewigkeiten, eine kalte Hand berührt das Herz und das Atmen fällt scheinbar schwer, bis endlich wieder Licht aufblitzt. Unwirklich aber wie ein großer Sieger kehrt langsam die Sonne zurück und die Natur erwacht aus ihrem Koma. Man kann diese Gefühle nicht erklären. Es bleibt eine Gänsehaut zurück und Erleichterung macht sich breit. In den Augen sammeln sich Tränen und rinnen fast unbemerkt herab. Es ist als hätte man an einem Abgrund gestanden und für einen Moment das Ende der Welt erlebt. Keiner mag so richtig reden, selbst die sonst so geschwätzigen Kämpfer nicht.

Ein fester Händedruck und sie verlassen uns still, kehren in ihre Schützenlöcher und zu ihrer Aufgabe zurück. Schweigend sammeln wir unsere Ausrüstung ein, steigen in den Jeep und fahren zurück zum Lager. Auch die anderen sind gerade angekommen, schweigsam und nachdenklich. Erst beim gemeinsamen Frühstück flammen die Gespräche wieder auf. Komischerweise eher über allgemeine Dinge, denn jeder hat diese totale Sonnenfinsternis auf seine ganz eigene Weise erlebt und muss sie für sich selbst verarbeiten. Es hat mich ins Tiefste getroffen. Ein Erlebnis das mich noch lange begleiten wird und nachdenklich starte ich in den jungen Tag, der heute zweimal begann. Wir sind der Nacht gerade noch einmal entronnen.

4.   Indische Erfahrungen
Auf Tigersafari in Nordindien

Da bin ich nun wieder im Land der Kinderträume, der Wunder und der Abenteuer und ich denke zurück an die Eindrücke, die ich vor 5 Jahren auf meiner ersten Tour durch Nordindien sammeln durfte. Selbst die Gerüche sind noch in meinem Kopf, wie sich Hitze, Schweiß, Urin und tropische Winde vermischen und mich umfangen, dazu ein Stimmengewirr, Verkehrslärm, und bunte Farben, die versuchen die Sinne zu betäuben, die dich einfangen und nicht loslassen wollen, Hütten und Paläste, Armut und Reichtum, Bettler und Edelleute und das alles auf engstem Raum. Langsam dringe ich ein in diese fremde Welt und lasse mich gefangen nehmen von ihren Wundern.

Das Taj Mahal, seit über 350 Jahren ein Symbol der Liebe taucht im Morgendunst nebelverhangen in der Erinnerung auf. Ein Bau, wie aus einem Märchen von 1001 Nacht, nein noch viel schöner. Perfektion, Anmut und Vollkommenheit die das Herz berührt und Stille, andachtsvolle Stille, dass man selbst die Zeit vergisst. Sie scheint angesichts dieses Baus nicht mehr zu existieren und die Menschen stören nur. Geschichte geschrieben in weißem Marmor, heute gelesen von tausenden Besuchern jeden Tag aufs Neue. Eine Welt voller Märchen und Wunder.

Varanasi, der Pilgerort am heiligen Ganges, Totentraum und Vollendung für jeden gläubigen Hindu, Wallfahrtsort in die Hölle oder ins Glück? Diese Stadt zeigt ein ganz seltsames Selbstverständnis. Sie tötet und doch ist sie ein Symbol des

Lebens, des ewigen Kreislaufes von Geburt, Tod und Wiedergeburt. Laut ist sie und heiß, stickig und eng. Aufdringlich ist sie, Besitz ergreifend, dass man glaubt es sind nicht die unzähligen Bettler die ihre Hand nach dir ausstrecken, sondern es ist die Stadt selbst, die dich verschlingen will. Nirgends auf dieser Welt bist du Menschen so nahe, ein atmender Moloch mit dem Geruch von Tod. Schon am frühen Morgen gegen 4 Uhr auf dem Weg zum Fluss, gehst du vorbei an Toten oder an Sterbenden und in diesem ganzen Leid, kannst du schon ein wenig vom Glück spüren und vom Glauben dieser Menschen. Bettelnde Hände, brennende Augen, Männer, Frauen, Kinder; alles verschmilzt und du bist glücklich, endlich das Boot zu besteigen, dass dich den Ganges entlang zu den Gahts bringen wird, den Verbrennungsplätzen der Hindus. Dann siehst du diese Feuer, nicht nur eins, es sind hunderte, hunderte Leben, Geschichten und Hoffnungen die hier in Flammen aufgehen. Du möchtest den Blick abwenden und die Nase bedecken und du bist doch so fasziniert. Indien, wie es wirklich ist, zwischen Tradition und Moderne und so vollkommen lebendig.

Die Bilderverkäufer vor einem Palast in Jaipur. Wunderschöne kleine Kunstwerke, die das Leben im alten Indien schildern, das Leben in den Palästen, das Kamasutra in seinen vielen Spielarten all das hält mich gefangen und lässt mich die Zeit vergessen. Dieses Bild, oder dieses? Ich kann mich nicht entscheiden und irgendwann mahnt der Busfahrer zum Aufbruch. Nichts gekauft. Eilig verabschiede ich mich von den Händlern und im Laufschritt geht es zum Bus. Einsteigen und los. Sitzen, durchatmen und es kommt ein wenig Wehmut ob der verpassten Bilder auf. Aber was soll es, Indien ist voll von kleinen Kunstwerken und die nächste Gelegenheit wartet sicher schon. Angekommen vor dem Hotel, greife ich nach den Dingen in der Ablage und wundere mich, dass dort 2 Bilder, sorgsam zusammengerollt, liegen. Alles Nachfragen kann keinen Besitzer ausmachen. Als ich sie öffne erstarre ich und ein Schauder läuft mir den Rücken herab. Es sind genau die beiden Bilder die ich kaufen wollte. Sorgsam rolle ich sie wieder zusammen und lege sie zurück. Auch das ist Indien.

Aber darum bin ich diesmal nicht hier. Ich bin gekommen um Tiger zu sehen, die Könige des Dschungels. Endlich das sehen was sonst nur Tierfilmern möglich ist, da ist schon viel Aufregung dabei. Angereist bin ich mit dem Zug und dann weiter mit dem Jeep bis Bandhavgahr, einem kleinen Nationalpark mit einem guten Tigerbestand. Kanha und Rantambore stehen auch noch auf dem Programm. Tiger und Dschungel, Träume die mich durch meine Kindheit begleitet haben und die nun Wirklichkeit werden sollen. Ende des 18. Jahrhunderts gab es in Indien noch ca. 60.000 Tiger. Gnadenlose Jagd hatten die Bestände bis auf 2.000 Tiere 1970 reduziert. Durch intensive Schutzprogramme ist der Bestand bis heute auf ca. 3.000 Tiger angewachsen. Also davon sollte sich doch wenigstens einer sehen lassen. Also Schluss mit den Träumen es gibt so viel zu erleben.

12.00 Uhr sind wir im Camp angekommen und werden mit einem riesigen Frühstück empfangen. Bier und Saft helfen das große Buffet zu plündern. Nun noch schnell die Zelte beziehen und dann steht der ersten Safari nichts mehr im Weg. Ein offener Jeep für 4 Personen steht bereit und am Parkeingang steigt ein Parkranger zu, der uns begleiten wird. Die Spannung steigt immer weiter. Eine Landschaft mit zerklüfteten Felsen und dichten Wäldern, Rehe und Antilopen und Stille. Werden wir den König dieser Wälder sehen? Am Nachmittag sind die Chancen gering und doch finden wir im weichen Sand ganz frische Tatzenabdrücke, riesige Spuren und auf einmal ist sie da. Ein Weibchen von ca. 2,5 Jahren zieht majestätisch ihre Bahn. Voller Kraft und Anmut und Stolz. Sie zeigt sich uns ruhig und gelassen wie ein Filmstar, während wir vor Aufregung kaum zu atmen wagen. Die Stille wird nur vom Klicken der Fotoapparate unterbrochen und genau so plötzlich wie sie auftauchte ist sie wieder im Dickicht verschwunden. Kann es denn wahr sein, dass schon die erste Tour diesen Wunsch erfüllt hat? Ich bin vollkommen glücklich und weiß genau, alles was nun noch kommen mag ist eine Zugabe. Der nächste Tag beginnt 5.30 Uhr mit Wecken und vielen Tierbegegnungen am Vormittag und auch am Nachmittag. Tiger sind nicht darunter, aber spannend ist es allemal.

Die nächste Safari ruft. Es ist kalt am Morgen und die Erde feucht vom Tau. Langsam brechen die ersten Sonnenstrahlen durch und zaubern Lichtstreifen im Dickicht. Viele frische Tigerspuren sind zu sehen und wieder steigt die Spannung. Auf einmal kommt der Jeep vor uns zum stehen. Langsam fahren wir auf gleiche Höhe und da ist er. Ein riesiges Männchen, ein wahrer König. Er streift uns mit seinem Blick, dreht sich um, zieht ein Stück des Weges und verschwindet lautlos in den Büschen. Was für ein Moment. Es ist immer wieder unbeschreiblich, diesen Tieren in Freiheit zu begegnen, atemlos ist man und aufgewühlt. Tage vergehen mit wunderschönen Tiererlebnissen und es fällt schwer, den Platz zu verlassen, wo ich ihn das erste mal in freier Wildbahn gesehen habe, aber der nächste Park wartet schon. Am Mittag soll es weitergehen nach Kahna. Plötzlich kommt noch einmal Unruhe und Hektik auf. Ein Tiger ist gesichtet worden, der einen Hirsch erlegt hat. Schnell in die Jeeps und auf geht es. Kurz vor der Stelle warten Elefanten auf uns und wir steigen um. Langsam geht es steil den Hügel nach oben und dort liegt schläfrig und satt eine Tigerin im Busch, neben sich die Beute. Gelassen gähnend schließt sie bei unserem Anblick die Augen.

Weiter, weiter, gegen 18.00 Uhr erreichen wir die Thuli Tiger Lodge, nun wissend was AC/DC mit ihrem „Higway to hell" gemeint hat, und genießen unser Diner. Die ersten Safarigeschichten werden mit anderen Gästen ausgetauscht und müde fallen wir bald in die Betten. 4.45 Uhr wird geweckt. Zum Munter werden gibt es heißen Marsallatee mit viel Milch, Kardamon und Pfeffer. Kalt ist es zu dieser frühen Stunde und wir hüllen uns im offenen Jeep in die Decken. Dann, an einem klaren Flusslauf, wird die Stille durch Warnrufe unterbrochen. Er muss ganz in der Nähe sein. Das Jagdfieber hat uns alle gepackt. Atemlos, da wieder der Ruf der Affen und der Sambadeers aber er will sich nicht zeigen. Wir verharren fast eine Stunde an diesem wundervollen Platz, doch die Rufe werden leiser, er ist ungesehen vorbeigezogen. Wir fahren wieder und urplötzlich ist ein Schatten in den Büschen. Noch weit entfernt. Schnell beziehen wir Position und schon tritt er auf die Lichtung. Ein riesiges Männchen schreitet über die Wiese. Einfach unbeschreiblich, der perfekte Moment, das perfekte Licht, der perfekte Tiger. Es ist einfach schön. Auch am nächsten Tag ist der Vormittagstiger wieder pünktlich. Wir bewundern ihn vom Elefanten aus und er lässt sich nicht stören. Ein junges Männchen mit seiner Beute. Direkt zu den Füssen des Elefanten liegt er. Zufrieden und etwas schläfrig, aber auch für uns heißt es nun wieder Abschied nehmen. Es ist auch immer wieder ein Abschied von lieb gewonnenen Menschen, die uns ein Stück ihres Lebens, ihrer Träume und Ihrer Kultur offenbart haben.

Rantambore ist nun der letzte und größte Park auf dieser Tour. Hier scheinen die Tiger feste Zeiten zu haben, denn wir jagen in einem Höllentempo mit dem Jeep los. Kaum zu glauben hier Erfolg zu haben. Der Park ist sehr stark frequentiert, vor allem auch durch Schulklassen, was einen hohen Lärmpegel zur Folge hat. Doch die Hetzjagd hat sich gelohnt. Weit ab von allen anderen ist es mal wieder so weit. 10 m vor unserem Jeep tritt eine Tigerin auf den Sandweg.

Gelassen zieht sie vor uns den Weg entlang und wir folgen ihr langsam. Fast 10 Minuten haben wir Zeit, sie zu bewundern, ehe sie wieder im Busch verschwindet. So ist es also dieses Indien, mit seiner Natur, seinen Menschen, seinen Gegensätzen, seinen Geheimnissen und mit seinem Fortschritt. Ein wunderschönes Land, schwer zu verstehen für uns Europäer, so lange wir versuchen, es mit dem Verstand und nicht mit dem Herzen zu erfassen.

5.   Abenteuer im Okavangodelta
Reisen in Botswana

Langsam gleitet der Einbaum durch das saftige Grün des Deltas. Vögel singen und die Sonne brennt herab. Zeit die Seele ein wenig baumeln zu lassen und den eben erlebten Flug zu verarbeiten. In Maun sind wir gestartet, in Richtung Guns Camp, um das Okavangodelta kennen zu lernen. Welch ein gewaltiger Blick bietet sich dem Auge aus der kleinen Chesna. Wasser, glitzernd in den Sonnenstrahlen, ein Silberteppich und fruchtbares Grün in unendlicher Weite. Palmen ragen dazwischen empor und man kann sich nicht satt sehen an dieser Naturschönheit.

Sind das da Giraffen oder da Elefanten und da Büffel? Ja es ist so, auch Tiere sind zu erkennen und ein warmes Gefühl streicht durch das Herz. Aufregung und Hochspannung erfassen mich und ich spüre, dass ein ganz besonderes Abenteuer beginnt. Kaum gelandet wird das Gepäck geschultert und auf geht es Richtung Camp. Schnell läuft mir der Schweiß in Strömen herab und ich bin froh, nur das kleine Zelt tragen zu müssen, das wir extra für das Delta gewählt haben. Aber im Camp wartet schon ein kühles Bier auf uns, nachdem wir die stationären Zelte bezogen haben.

Der Erkundungsgang zeigt uns eine schöne große Aussichtsplattform und wir entdecken 2 Löwinnen, die gar nicht weit weg einen Kill haben und gemütlich fressen. Wenn das nichts ist; unsere Neugier lässt jede Gefahr vergessen und wir schnappen und zu viert einen Einbaum um das Ganze aus der Nähe zu erkunden. Hochspannung vom Feinsten, als wir ungeschickt durch die Wasserläufe staken in Richtung der Jagdstelle. Selbst die Flusspferde können uns nicht aufhalten in unserem Jagdfieber. Wir ignorieren sie einfach und sie zum Glück auch uns. Bald sind wir auch ziemlich nah und können schon das knacken der Kochen hören, aber an ein Aussteigen und näher schleichen ist nicht zu denken.

Übermannshohes Gras nimmt uns jede Sicht und nur mit Messern bewaffnet würde das Ganze auch eher an ein Kamikazeunternehmen erinnern. Also lassen wir Vernunft walten und staken mit zitternden Knien und pochenden Herzen zurück in das sichere Camp. Unser Ausflug ist nicht unbemerkt geblieben und es hat sich eine stattliche Anzahl von Zuschauern auf der Aussichtsplattform versammelt. Aber nicht alle Reaktionen sind positiv und so hören wir uns gesenkten Hauptes die Standpauken an. Klar sollten wir besser wissen was man tut und was nicht, aber manchmal ist die Neugier einfach größer. So zeigen wir äußerlich Reue ob des schandhaften Tuns und kichern innerlich wie kleine Kinder ob des bestandenen Abenteuers, wohl wissend es immer wieder so zu tun.

Ein kräftiges Abendbrot stärkt uns und wir genießen den Sonnenuntergang mit ein paar Drinks auf der Beobachtungsplattform. Die Nacht senkt sich herab und die Gespräche werden immer schleppender, den die Geräusche des Deltas nehmen uns gefangen und verführen zum Träumen.

Als uns die Nacht aus ihren Armen entlässt ist sofort die Spannung da, denn heute soll das große Abenteuer

Okavangodelta richtig beginnen. Heißer Kaffee und ein ausgiebiges Frühstück wecken die Lebensgeister und schnell ist das notwendige Gepäck auf die Einbäume verladen und die Tour beginnt. Atemlos sind wir, still, nur das Eintauchen der Stange und das Plätschern des Wassers ist zu hören. Immer neue Wasserläufe durch die wir ziehen und immer neue Einblicke in eine fremde Welt. Ist es hier eine einfache, einsame Hütte die unser Auge fesselt, ist es eine Biegung weiter ein Büffel der lautlos im knietiefen Wasser steht und trinkt, fast so als gäbe es uns nicht. Immer wieder fliegen Reiher und andere Vögel auf, die wir in ihrer Ruhe stören. Kleine und große Inseln ziehen an uns vorbei.

Alle Anspannung fällt ab und wir passen uns dem Rhythmus der Natur an. Auf einmal ein leiser Ruf zur Vorsicht. Unser Führer hat ihn ausgestoßen und schon sehen wir es auch. Flusspferde voraus. Mächtig und ruhig liegen sie im Wasser. Nur die Augen sind zu sehen. Kaum zu glauben wie schnell sie sein können. Ein Männchen zeigt uns sein gewaltiges Maul und wir sind gern bereit, einen Umweg in Kauf zu nehmen, um sein Territorium zu umgehen. Ein Glück, dass wir sie zeitig genug bemerkt haben, aber wir haben auch sehr gute Führer dabei. Sie strahlen Ruhe und Vertrauen aus, wissen über diesen Lebensraum genau Bescheid und Lieben diese Natur hier sehr. Sie leben für diese Landschaft, schützen sie und sind stolz, ein wenig von ihrem Wissen an uns weiter geben zu können.

Nach ca. 4 Stunden ist unser Platz im Delta erreicht. Eine Insel, recht groß, ein kleiner Hügel, Bäume, kleine Buschbestände, daneben der mächtige Strom, alles recht idyllisch. Wir untersuchen den Lagerplatz und stellen

Elefantenspuren und Kot fest. Damit wissen wir, sie waren hier und sie werden wiederkommen. Schnell sind die kleinen Zelte aufgebaut und alles verstaut. Die Kochstelle ist errichtet, das Feuer brennt und Karsten gibt die erste Einweisung für das Leben im Busch. Noch lächeln wir ein wenig, aber vieles was uns zunächst als lustig erscheint ist wichtig um in dieser Welt zu leben.

Wir sind gespannt was uns hier alles erwartet. Nach dem Essen sind alle erst mal müde und ziehen sich in den Schatten der Bäume zurück, um Siesta zu halten. Ich schlendere zum Fluss, lege meine Sachen ab und suche mir eine etwas schneller strömende Stelle. Das Wasser ist wundervoll und ich gleite hinein und genieße das kühle Nass. Da ich ganz ruhig in der Strömung sitze dauert es gar nicht lange, bis die ersten Fische anfangen, sich für mich zu interessieren und zu knabbern beginnen. Sollen sie doch, ich werde schläfrig, sehe den Sonnenstrahlen zu, die mit den Insekten um die Wette tanzen und beobachte die Elefanten die langsam heranziehen. Was Elefanten? Ich schrecke auf.

Ja, tatsächlich ziehen 3 graue Riesen ganz langsam in meine Richtung. Immer näher kommen sie, sind kaum noch 300 Meter entfernt. Langsam ziehe ich mich aus dem Fluss zurück, greife meine Sachen, ziehe mich an und renne zum Camp zurück, um die Neuigkeit zu verkünden. Mit einem Schlag sind alle hell wach. In der Deckung der Bäume pirschen wir zu dem kleinen Hügel und sehen sie sofort. Sie sind gerade dabei den Fluss zu überqueren, genau dort, wo ich vor ein paar Minuten noch genüsslich gebadet habe. Der Wind steht gut, sie können uns nicht entdecken und so haben wir Zeit, dieses langsame Näher kommen ausgiebig zu beobachten, Bis auf 100 Meter lassen wir sie heran, ehe wir uns in den Schutz des Feuers zurückziehen. Und siehe da, sie zeigen sich auch auf dem Hügel, beobachten den Lagerplatz, nähern sich aber nicht weiter sondern ziehen langsam ab.

Über eine Stunde ist fast wie im Fluge vergangen und wir atmen durch und besprechen das eben Erlebte. Gewaltig, diesen Tieren so nahe zu sein. Als ich von meinem Bad erzähle bekommen alle Lust, das Wasser zu probieren und ausgelassen tobt die ganze Mannschaft im Fluss. Selbst die Angst vor Krokodilen ist vergessen. Ein wundervoller Moment.

Schon ist es Zeit das Abendessen vorzubereiten. Lecker Spagetti mit Tomatensauce. Was glaubt ihr, wie das schmecken kann nach einem solchen Tag. Nichts bleibt übrig und schon hüllt uns auch die Nacht ein. Das Lagerfeuer prasselt und Geschichten machen die Runde, genau wie warmes Bier und warmer Wein. Beim Rum ist das nicht ganz so tragisch. Na was sind wir alle für Helden, wenn ich uns da so zuhöre. Immer ruhiger werden die Stimmen, immer leiser die Gespräche, immer tiefer die Nacht und die Ersten verschwinden in ihren Zelten. War auch ein anstrengender Tag und am nächsten Morgen wollen wir zeitig raus. Frühpirsch ist angesagt im Delta. Im Zelt nehmen mich die Stimmen der Nacht gefangen und der Mondschein, der durch die dünne Leinwand dringt. Die Stimmen der Führer singen uns sanft in den Schlaf.

Wir sind nicht allein in dieser Nacht, das hört man durch kratzende Geräusche und leises Schleichen. Aber vielleicht ist es auch alles nur Fantasie. Der Geist ist zu träge und der Körper zu zaghaft, um es wirklich heraus zu finden. Viel ist schon geschrieben worden über Afrika, über den Zauber und die Geheimnisse dieses Kontinents aber hier, unter diesem Nachthimmel wird es mir erstmalig wirklich begreifbar. Das ist Afrika, du bist mitten drin und wirst zu einem Teil davon. Wärme strömt durch den Körper und man möchte weinen in einem solchen Moment.

Pünktlich um 5 Uhr werden alle Träume und der Schlaf abgeschüttelt und nach einem heißen Kaffee und kurzem, aber intensiven Frühstück sind wir 5.30 Uhr unterwegs, zu Fuß im Delta. Was für ein Abenteuer. Wie soll ich diese Vielfalt mit Worten beschreiben, was zuerst berichten? Zunächst ist es die Giraffe, die ihr Mahl in den Baumkronen hält, dann eine Herde Büffel die uns gefährlich nahe kommen, junge Bullen, kraftstrotzend, die uns argwöhnisch beobachten, dann aber die Richtung wechseln und gemächlich weiterziehen. Durchatmen, denn diese Begegnung war nicht ungefährlich. Weiter geht es. Da wird schon wieder das Auge gefesselt. Wildhunde auf der Jagd. Ein Anblick der nun wirklich nicht alltäglich ist.
Was haben wir für ein Glück. Kaum 200 Meter weiter hetzen ein paar Hyänen vorbei. Eine trägt einen blutigen Beuteknochen im Maul. Ja im Delta wird nicht nur gelebt, sondern auch gestorben. Eine Viertelstunde später sehen wir das ganz eindrucksvoll, denn wir finden das Skelett eines verendeten Elefanten. Nicht gewildert, ein Einschussloch können wir nirgends finden, nein einfach gestorben und abgenagt bis auf die Knochen, weiß gebleicht von Wind und Wetter ist es ein Bild, das wohl jeder von uns in seinem Kopf mit nach Hause nimmt. Mittlerweile brennt die Sonne

gnadenlos herab und es heißt haushalten mit dem Wasser in den Feldflaschen. Ich bewundere den Kameramann den wir dabei haben.

Auch ohne eine solche Ausrüstung spüre ich den Marsch in den Knochen. Aber immer wieder entschädigt uns die Natur mit eindrucksvollen Bildern. Wir erreichen eine Lichtung und als wir das Auge schweifen lassen sehen wir Elefanten, Giraffen, Zebras und Antilopen. Alles mit einem Blick wahrzunehmen. Sich drehen und die Bilder wechseln wie in einem Film. Nur das dieses kein Film ist sondern das wirklich pralle Leben. Wir beschließen, zu den Elefanten zu pirschen, da der Wind wieder günstig steht. Das Herz schlägt schneller und der Pulsschlag trommelt in den Ohren, als wir ihnen immer näher kommen. Verdammt nahe, aber sie bemerken uns nicht. Wir haben alles richtig gemacht. Wenn ich wir sage meine ich natürlich unsere Führer, die das Ganze erst möglich gemacht haben. Nicht mal ein Gewehr tragen sie. Für mich zeugt das von einem ganz besonderen Respekt vor der Natur und von einem sehr hohen Selbstbewusstsein.

Müde sind wir und das Wasser ist ausgetrunken, als wir um 14 Uhr unseren Platz erreichen. Müde, erschöpft aber auch unendlich glücklich essen und trinken wir und packen zusammen. Die Boote werden beladen und es geht auf den abenteuerlichen Rückweg. Wieder kreuzen wir das Revier von Flusspferden, wieder weiden Büffel am Ufer, wieder klingt das Gebrüll des Löwen in unserem Ohr. Die Wildnis hallt nach im Kopf, genau wie im Herzen nach. Mit der hereinbrechenden Dunkelheit erreichen wir Guns Camp und beziehen dort wieder unsere Zelte. Zum Abend gibt es ein ausgezeichnetes Kudusteak, kaltes Bier und Wein. Noch lange sitzen wir am Feuer zusammen und besprechen das Erlebte. Jeder für sich ein kleiner Held, aber alle zusammen glücklich etwas so Schönes gesehen zu haben.

6. Die Nacht der zornigen Winde
Reisen in der Mongolei

Eben ist die Sonne in einem Feuermeer über der mongolischen Steppe untergegangen, der Wind hat aufgefrischt und ich liege im Ger und träume vor mich hin. Sterne sind aufgezogen und haben den Himmel mit einem Silberteppich bedeckt, der durch die Öffnung für das Ofenrohr in mein Gesicht blinkt. Wundervoll anzusehen in dieser klaren Nachtluft. Es hat sich abgekühlt nach der Tageshitze, aber der Ofen sollte nicht gefeuert werden, denn der Wind rüttelt immer mehr an den Verspannungen. Ein Glas Airack noch und die Gedanken beginnen zu fliegen wie die Vögel der Nacht.

Ja da ist es wieder vor Augen dieses wundervolle Tal. Friedlich weiden Pferde an einem kleinen Bachlauf der, so schnell wie er entstanden ist, im Nichts verschwindet. Das Fohlen wird von der kleinen Herde immer wieder in die Mitte genommen und geschützt. Grünes Gras küsst schroffe Felsgebilde und Steine die aus dem Boden in den Himmel wachsen. Verwitterungen haben sich in den Fels gegraben und ihm ein Gesicht gegeben. Ein Gesicht, geprägt von Sturm und Regen und Wind. Ein Gesicht voller Weisheit und Erfahrung aber auch voller Strenge und Gefahren. Langsam lenken mich meine Füße in die Berge hinein und es geht steil hinauf. Hier atmet man die Weite des Himmels, den Duft der Kräuter und das Lachen des Windes. Ein Blick nach oben lässt mich staunend innehalten. Auf einem schroffen Felsen zeichnet sich gegen weiße Wolken ein dunkler Hengst wie hingemeißelt ab. Seine Muskeln zeichnen sich deutlich unter der Haut ab, sein Blick ist stolz und Mähne und Schweif werden vom Bergwind gepeitscht. Es ist so schön und unwirklich und ich steige ihm entgegen. Er bleibt stehen, rührt sich nicht und erwartet mein Kommen. Langsam nähere ich mich, rede auf ihn ein und es gelingt mir tatsächlich ganz nah bei ihm zu sein, lästige Fliegen an seinen Augen zu verscheuchen und sein Vertrauen zu gewinnen. Mensch und Tier für einen kurzen Moment in der Einsamkeit gemeinsam. Akzeptanz gleichberechtigter Partner. Aber ich will weiter, muss weiter, mich reizt der Blick über diese Bergkulisse. Und der entschädigt für die Mühen des Weges. Bizarre Felsformationen wechseln mit grünen Tälern und die Natur streichelt die Seele.

Immer gefährlicher tönt der Wind und dunkel Wolken beginnen über den Himmel zu jagen. Zornige Winde, ja, ihnen begegnet man hier oft, sie begleiten dich bei Tag und Nacht. Noch ein Glas vom Milchschnaps und die Seele beginnt wieder zu träumen.

Rauschendes Wasser stürzt zu Tal, denn wir haben den Onginwasserfall erreicht. Er hat eine Höhe von vielleicht 30m und ergießt sich in ein weites Becken im Felsental. Im Gischtzauber hat sich ein leuchtender Regenbogen gebildet und auf der grünen Wiese oben weiden Pferde, Schafe und Ziegen. Das Wasser lädt zu Bade und schnell ist eine winziger Weg in den Felsen gefunden, der mich hinabführt. Ein Waldweg leitet mich zum Wasserfall, an dem einige mongolische Familien den Tag mit ihren Kindern verbringen. Auf Steinen und im Moos sitzend betrachten sie mich neugierig. Jetzt kann ich auch nicht kneifen. Langsam lasse ich mich in der Badehose über die glitschigen Felsen in das eiskalte Wasser gleiten. Es umfängt mich wie eine kalte Hand und ich schwimme langsam dem Wasserfall entgegen um schließlich hineinzutauchen und mich von ihm massieren, oder besser gesagt schlagen zu lassen. Atemlos bin ich, ausgepowert als ich auf unsicheren Füssen die nassen Felsen am Rand erreiche, aber lachend strecken sich mir helfende Hände entgegen. Schulter klopfen, Bilder manchen, Wodka trinken, eine freundliche Wärme durchströmt mich. Obwohl keiner die Sprache des anderen spricht verstehen wir uns doch, sitzen beieinander und erzählen mit Händen und Füssen.

Schritte vor dem Ger. Fast verschluckt vom Peitschen des Windes. Helfende Hände spannen die Riemen neu, sichern gegen die Kraft der Natur. Selbst der Stein der die Jurte stabilisiert beginnt leicht zu pendeln. Oder ist es der Airack, ein teuflischer Trank aus vergorener Stutenmilch?

Sand mitten in der Gobi, einer Steinwüste, wie kann das sein? Durch einen Felstrichter und stetigen Wind wird der Boden hinein geblasen und hat die längste Sanddüne der Welt gebildet. Genau dort hin will ich jetzt unter einer Sonne, die schon jetzt, am Morgen, gnadenlos brennt. Ein Meer von Sand türmt sich bis zu einer Höhe von 200 m vor einem kleinen Saxaulwald und einem Wasserlauf auf. Jetzt berühren die Füße den heißen Sand, er rinnt beim Anstieg durch die Sandalen. Manchmal versinke ich knöcheltief, manchmal ist es eine feste Trittfläche die der Wind gebildet hat. Bizarre Formationen, Wellenspiel im Sand, Spuren, die im Nichts beginnen und im Nichts enden, ausgebleichte

Knochen, die dramatische Geschichten erzählen. So sind sie die Gesichter der Wüste. Ringsherum Sandhügel und Sandtrichter, Schlagschatten und erbarmungslose Sonne, Farben die man nicht glauben will, wie der Fantasie eines Expressionisten entsprungen und über allem thront ein voller Mittagsmond. Hitze wie in einem Backofen, heute schmeckt sogar das lauwarme Wasser. Auf einmal fällt der Blick auf eine einsame, winzige Blume im Sand, die ihr kleines Leben wundervoll verteidigt. Einsam wirkt sie und doch ein Symbol von Stärke, von Unüberwindlichkeit und der Wind frischt auf. Er peitscht die Sandkörner mit Macht an Körper und Kopf. Unwillkürlich macht man sich klein, nein, ist man klein, vor den Gewalten der Natur.

Beim langsamen Zurückwandern aus den Dünen fällt der Blick auf eine Kamelherde, die friedlich am Rand der Düne grast. Schöne, stolze Tiere, die dieser gnadenlosen Natur hier vollkommen angepasst sind. Wie die Menschen die in ihr leben und um ihre Existenz täglich aufs Neue kämpfen. An einem Ger der Nomaden gehe ich vorbei und bin neugierig geworden. Die Hunde schlagen an, aber sie sind angebunden und eine Frau bittet mich hinein. Respektvoll trete ich ins Innere der Jurte. Jede Geste läst mich so fühlen, als wäre ich willkommen. Wodka wird angeboten und Kamelmilch und Ziegenkäse und ein Gebäck. Ich bin Gast und fühle mich sehr wohl bei diesen Nomaden, Ihre Welt ist nicht meine, aber sie geben mir Einblicke in ihr schweres und doch schönes Leben.

Taumelnde Träume, flackernde Sterne und ein voller Mond. Ich bin hier und schlafe friedlich in den Armen des zornigen

Windes ein, begleitet von wilden Träumen. Morgen erwarten mich neue Abenteuer.

7.   Einmal Hölle und zurück
Abenteuer im Dschungel Borneos

Der Nebel breitet sich aus und hüllt schwülwarm alles ein. Bergkuppen versinken und erste Regentropfen beginnen zu fallen. Oder ist es nur ein neuer Fieberschub? Fantasiegebilde die mich umtanzen, Schweißbäche die meinen Körper nässen. Kraftlos taumle ich durch meine Träume. Habe ich das alles wirklich erlebt oder spielt mir nur das Fieber einen Streich? Alles wird wieder undeutlich und unwahr und langsam rutsche ich zurück in meine Träume.

Die Motoren des Flugzeugs dröhnen noch im Kopf als uns die schwülwarme Abendluft Borneos in Kuching umfängt. Wieder sind wir aufgebrochen um Abenteuer zu erleben und an unsere Grenzen zu gehen. Frank, Werner und ich, 3 Freunde auf dem Weg in den Dschungel. Die Ausrüstung wurde gecheckt und die Rucksäcke sind für den Marsch gepackt. Zuerst nur ein kleiner Ausflug nach Bako, einem Nationalpark ganz in der Nähe von Kuching, bekannt durch seine Population an Langnasenaffen.

Nach kurzer Autofahrt und einem Wechsel in das Boot erreichen wir den Strand von Bako und beziehen unsere Zimmer. Tatendrang macht sich breit und bereit auf die erste Wanderung geht es zur Rezeption zurück. Wildschweine sind hier sehr aktiv und wir müssen sie fast vom Weg jagen. Auch eine grüne Baumschlange verdaut friedlich ein großes Irgendwas. Es ist morgens gegen 10 Uhr und wir haben noch keine Lust auf ein Bier. Die Wasserflaschen sind gut gefüllt und Gepäck brauchen wir keins. Auf geht es unter Roslans Führung. Der Weg ist flach und ein Holzsteg führt über ein Mangrovenfeld das sich am Berghang entlang windet und langsam ins Meer übergeht. Flachwasser und wir sehen auch schon die ersten Langnasenaffen auf Nahrungssuche. Ein schönes Bild, was wir aber kaum würdigen weil sie heute nicht unser Thema sind.

Dann zweigt der Pfad in die Berge ab und steigt langsam an. Die Natur des Dschungels beginnt uns zu umfangen. Immer wieder staunen wir über fleischfressende Pflanzen in einer Artenvielfalt, wie wir sie bisher noch nicht kannten. Wir tauchen ein in eine fremde Welt und spüren ihren Atem, spüren dieses Werden und Vergehen ganz intensiv und fühlen langsam die Anstrengungen des Marsches, die stetige Steigung nimmt mir bei dieser Hitze und Luftfeuchtigkeit den Atem und eine Ahnung, was uns hier erwarten könnte, macht sich bei mir breit. Ich fordere eine Pause ein und brauche lange, um wieder die nötige Luft für das Weitergehen zu haben. Die anderen sind besser in Form, aber was soll es; mit gegangen, mit gefangen. Es gibt kein zurück mehr. Das will ich auch gar nicht. Der Gipfel ist erreicht. Steinerner Boden und wir begeben uns zum Rand der Klippe. Was für eine wundervolle Bucht. Das südchinesische Meer lächelt uns entgegen und lädt uns zum Baden ein. Dieser Einladung folgen wir natürlich nur zu gern und machen uns auf den steilen Abstieg. Bald ist der Strand erreicht und die verschwitzten Sachen werden zum Trocknen in die Sonne gelegt. Ruslan bereitet einen Lunch vor, während wir schnell in das angenehm warme Wasser eintauchen. Was für ein Vergnügen nach der anstrengenden Wanderung, aber der Spaß währt nicht lange. Auf einmal schreit Frank auf und verlässt humpelnd das Wasser. Ein Rochen hat ihn in die Fußsohle gestochen und sein Gift eingespritzt. Nun heißt es schnell handeln, aber Ruslan hat Erfahrung in diesen Dingen. Bedächtig säubert er die Wunde und presst das Gift heraus. An eine längere Tour ist natürlich nicht mehr zu denken und wir machen uns auf den Rückweg. Frank beißt tapfer die Zähne zusammen und wird später mit einem heißen Fußbad belohnt, was das letzte Gift abtötet und den Schmerz lindert. Am nächsten Morgen sind nur ein leichter Schmerz und eine Narbe geblieben, die an den kleinen Zwischenfall erinnern. Leider haben wir mit den Langnasenaffen heute kein Glück. Sie scheinen sauer auf uns zu sein, weil wir sie gestern ignoriert haben und zeigen sich nicht. Schade, aber trotzdem hat uns dieser Ausflug sehr gefallen. Mit Boot und Auto geht es zurück nach Kuching auf eine vorerst letzte Nacht in der Zivilisation.

Heute beginnt das wirkliche Abenteuer und wir machen uns mit dem Wagen auf den Weg in die Batang Ai Region. Das leichte Marschgepäck ist ordentlich gepackt und die Stimmung gut. Wir sind bereit. Nach 4 Stunden Autofahrt erreichen wir den Fluss. Auch dieser Tag ist wieder heiß und so sind wir froh in den Schatten der Bäume eintauchen zu können, nachdem das Langboot beladen ist. Stolz trägt einer der Iban ein altes Gewehr. Es ist zu unserem Schutz. Es geht gut voran, allerdings beginnt nach einer Stunde der Hintern weh zu tun und die Beine schlafen ein, aber wir haben ja nur noch 2,5 Stunden vor uns. Die erste Prüfung ist also leicht, aber wir ahnen noch nicht einmal was da noch kommt. Zunächst einmal das erste Langhaus, wo wir freundlich aufgenommen werden und man uns unsere Schlafplätze zeigt. Außer uns ist noch ein australisches

Ehepaar hier. Es gelingt uns ein paar Bier zu besorgen. Weiß der Teufel wo dieser Shop ist, aber ein Junge übernimmt das für uns. Wir legen es auf das Eis unser Vorräte und werden später daran gehen es zu trinken. Nach dem opulenten Abendessen sind wir zu einer Shoppingtour eingeladen. Wir trauen unseren Augen kaum. Es sind ca. 50 Stände für uns 5 aufgebaut worden. Nicht einfach, da auszuwählen, aber wir können auch nicht jeden der Händler zufrieden stellen. Danach ist Kultur angesagt und auch wir werden aufgefordert mit zu tanzen. Plump ahmen wir die grazilen Bewegungen der Tänzer zur Freude aller nach. Danach verteilen wir unsere Geschenke. Hier wären sie nicht nötig gewesen denn Touristen sind sehr häufig zu Gast. Nach 3 Bier suchen wir unsere Schlafstellen auf und brauchen nicht lange, um unseren Traum von Borneo weiter zu träumen.

Zeitig erwachen wir am nächsten morgen und genießen das Frühstück, die Hahnenkampfvorführungen und das Blasrohrschießen, ehe wir unsere Rucksäcke schultern und das Boot besteigen, dem nächsten Langhaus entgegen. Heute kommt ein zweites Langboot und 3 Begleiter dazu, denn es geht nun tiefer in den Dschungel und nicht der ganze Weg ist schiffbar. Zur Mittagsrast am Fluss wird frischer Bambus geschlagen und mit verschiedenen Köstlichkeiten gefüllt, die über dem Feuer gegart werden. Auf Spießen werden Hühnerteile zubereitet und wir genießen ein tolles Mal. Dazu frisches Wasser und Reisschnaps; einfach köstlich. Nach einer weiteren Stunde Fahrt sind wir am Ziel angekommen. Nein, nicht am Ziel, die Boote müssen über Stromschnellen transportiert werden und können anschließend nicht mehr voll laden. Ich nehme spontan ein unfreiwilliges Bad zur Freude aller und los geht's. So wählen wir die Abkürzung über den Berg. Abkürzung bedeutet ein strapaziöser Anstieg bis auf rund 650 m, wahnsinnige Steigungen, schmale Pfade an Abgründen, Schlamm und Regen und das Alles ist erst der Auftakt. Ich bin schon auf dem halben Weg fix und fertig und beginne die anderen aufzuhalten. Liegt wohl am Übergewicht und dem schlechten Trainingszustand, aber all das lässt sich nun nicht mehr ändern. Ich sehe mich schon als erstes Opfer in die Tiefe stürzen, als Roslan den ersten Unfall erleidet. Am steilen Abstieg stürzt er und gerät dabei in eine ausgewasche Spalte. Die Schulter bleibt zwar heil, aber das Handgelenk sieht nicht gut aus. Mit zitternden Beinen erreiche auch ich das Langhaus. Ganze 6 Familien leben noch hier. Vor einem Jahr waren es noch 13. Wir werden herzlich Willkommen geheißen, legen unser Gepäck ab und gehen zunächst zum Fluss, um ein Bad zu nehmen. Unsere Vorräte und das Equipment ist auch schon angekommen und wir tragen alles zum Langhaus. Unsere Begleiter der ersten Etappe verabschieden sich und nehmen die Boote mit sich, denn von nun an geht es zu Fuß weiter. Aber bis dahin ist noch ein wenig Zeit. Vor uns liegt zunächst ein bescheidenes aber sehr schmackhaftes Abendessen. Danach verteilen wir unsere Geschenke und haben selten so viel Spaß dabei gehabt. Bei den ganzen Sachen sind auch Wundertüten, die besonders bei der anwesenden Damenwelt auf große Bewunderung stoßen, enthalten sie doch neben kleinen Spielzeugen auch Ringe und Glitzerkram. So ein Gelächter, ich glaub wir sind jetzt alle verlobt und die Mädels sehen es auch so. Die Kinder füllen sich die Bäuche mit Süßigkeiten und die Männer bewundern ihre neuen Technikspielzeuge. Alle sind zufrieden und die Flasche mit Reisschnaps kreist wieder. Roslan dolmetscht für uns und immer wieder weht Lachen durch das Langhaus. Schließlich bereitet man unser Lager im Vorraum und spannt die Moskitonetze darüber. Wir lauschen den Regentropfen und müde fallen wir in einen tiefen, traumlosen Schlaf.

Am morgen sprinten gegen 5 Uhr die Hunde an uns vorüber und an Schlaf ist nicht mehr zu denken. Ein Bad im Fluss ist die Morgentoilette und danach gibt es lecker Frühstück. Der Kaffe macht uns endgültig wach und bereit für den Tag. Es gibt 3 neue Träger. Unter Ihnen ist sogar ein Taubstummer. Wir haben uns schon gestern an seiner Fröhlichkeit erfreut. Neugierig probieren wir die Lasten und stellen schnell wieder ab. Wahnsinn was die tragen und das auf einer solchen Strecke, später werden wir die Leistung noch mehr verstehen und würdigen. Das Gepäck wird geschultert, wir verabschieden uns und los geht es. Zunächst durch den Fluss, Schuhe aus, bis zum Bauch hinein, Schuhe an, Berg hinauf, Berg hinunter, Schuhe aus, hinein in den Fluss, Schuhe an und nun lassen wir sie ganz an. Die Sonne brennt, 35 Grad, 100 % Luftfeuchtigkeit, ein Gelände was uns, insbesondere mir, alles abverlangt. Schweißüberströmt bin ich und immer wieder ein neuer Berg und der Fluss den es zu überwinden gilt. Quälend ziehen sich die Stunden dahin. Die Träger aber sind weit voraus, wenige Pausen, ich fluche vor Erschöpfung vor mich hin. Zur Abwechslung geht nun Frank mit seinem Handy baden, was dem gar nicht recht bekommt. Damit sind aber auch die bisherigen Aufzeichnungen erledigt.

Mittagsrast an einem Sandplatz. Alle erfrischen sich im Wasser, ich habe nicht die Kraft die Sachen auszuziehen und bade gleich so. Das schmackhafte Essen gibt neue Kraft und neuen Elan. Weiter geht es nach viel zu kurzer Zeit. Berg auf, Berg ab und durch den Fluss, immer steiler, immer gefährlicher, manchmal nur durch Lianen und Wurzeln gesichert an fast senkrechten Hängen ohne jeden Weg. An einem glatten Felsen rutsche ich ab ins Wasser und das linke Bein gerät in eine Felsspalte. Ein kurzes Knirschen, ein stechender Schmerz als ich mich drehe und die große Zehe ist gebrochen. Keine Zeit zum Verweilen, weiter, denn die Nacht naht und das Lager muss aufgeschlagen werden. Endlich angekommen entfachen die Träger zunächst ein Feuer und beginnen mit dem Aufbau des Lagers. Wir säubern uns notdürftig und versorgen Wunden und Insektenstiche. Blut läuft in meine Schuhe, dort wo sie gescheuert haben und wo Pflanzen Schnitte verursacht haben, aber egal. Auch ein paar Würmer drücke ich heraus, aber was soll es. Mir fehlt die Kraft darüber nachzudenken. Ich bin am Ende und als das Lager bereitet ist lege ich mich hin. Wie soll das nur weitergehen? Alles schmerzt und doch liegt noch soviel vor uns. Essen mag ich nicht, nur heißen Tee. Ich mache mir große Sorgen Morgen überhaupt aufstehen zu können. Der Regen beginnt in Strömen zu rinnen und platscht auf die Schutzplane. Gespräche vor mir, unter mir, neben mir. Es interessiert mich nicht und irgendwann schlafe ich traumlos ein.

Kaum erfrischt erwache ich am nächsten Morgen. Essen mag ich immer noch nichts und so tun es ein paar Gläser Tee. Meinen Zeh habe ich nicht gewagt anzusehen, aber es hilft alles nichts, es muss weiter gehen. So beginnt unter

Schmerzen wieder der Marsch. Jeder Berg ist eine tiefe Qual, ich bin am Rande des Aufgebens. Sterben, na und, alles ist besser als diese Quälerei. Aber die Freunde geben Kraft, helfen wo sie können. Manchmal ist aber auch das zu viel. Kurz vor Mittag liege ich nach einigen zusätzlichen Pausen 30 m unter einem Berggipfel, eine Stunde lang. Ich bin am Ende, ohne jede Kraft. Nur Schmerzen und juckende Stiche und Wunden. Als ich den Gipfel erreiche möchte ich weinen vor Freude, eine Schneise ist in den Dschungel geschlagen und eine Straße entsteht. Ein fremder Iban ist dabei Zuckerrohr zu schlagen. Er kommt aus dem Langhaus wo morgen Vormittag unser Weg enden soll und er ist bereit mich mit sich zu nehmen. In 3 Stunden hat meine Qual ein Ende, ich kann mich ausruhen, bin in Sicherheit. Wie gern ich mich ihm anschließe. Mit kleinen müden Schritten folge ich ihm, nachdem ich mich bei meinen Freunden für die Nacht verabschiedet habe.

Wie betrunken wandere ich, jedes Gefühl für die Zeit verloren. Irgendwann taucht der Langhauskomplex auf. Gleich geschafft. Kinderlachen begrüßt mich und aufgeregte Stimmen. Schnell erklärt er allen meine Lage und seine Frau kümmert sich sofort rührend um mich, bereitet Tee und Essen und ein Lager. Unter Schmerzen ziehe ich meine Schuhe aus. Die Zehe ist schwarz. Ich humple zum Fluss, reinige mich notdürftig und schlafe, begleitet von Kinderlachen ein. Als ich erwache ist die Sonne schon tief gesunken und die Berge sind in Nebel gehüllt. Was mögen meine Freunde tun? Der Chief des Langhauses kommt zurück. Ich begrüße ihn voller Achtung und gemeinsam nehmen wir ein reichliches Abendessen ein. Danach sitzen wir zusammen und sprechen achtungsvoll miteinander, keiner in der Sprache des Anderen und doch ist ein tiefes Verstehen da. Wir haben wohl beide gelernt, mit dem Herzen zu hören. Zeitig sinke ich in eine tiefen Schlaf, denn ich bin vollkommen erschöpft. Er hat meine Müdigkeit und mein Schlafbedürfnis verstanden, obwohl wir beide gern noch zusammen gesessen hätten. Der nächste Morgen beginnt mit Frühstück und einem Bad im Fluss. Gegen 10 Uhr treffen unter lautem Hallo die Freunde ein und es gibt so viel zu erzählen. Alle sind neugierig und Roslan dolmetscht. Entspannt geben wir uns den Tagesabläufen im Langhaus hin. Wir kaufen noch schnell Geschenke für den Abend und Sichten unsere Bestände die wir entbehren können. Immer wieder kreist der Reisschnaps, Lieder werden angestimmt und auch wir lassen und von diesem Tun gefangen nehmen, tanzen mit und singen und trinken. Dann geht es zum Baden und Fischen. Lachen und Scherze begleiten uns. Wir sind miteinander vertraut geworden. Bei der abendlichen Zeremonie merken wir alle wie wir einander ans Herz gewachsen sind. Besonders der Chief und ich. Wir verstehen uns wortlos, schauen uns in die Augen und vertrauen einander. Die Träger erhalten auch ihre Geschenke und eine kleine Einkaufsstrasse gibt es auch wieder. Wir schwatzen und feiern bis in die tiefe Nacht und als unser Lager bereitet ist schauen uns vielleicht 30 Gesichter beim Einschlafen zu. Was für ein Gefühl so aufgenommen zu sein. Beim Abschied am nächsten Morgen wissen wir, dass es kein Abschied für immer sein wird. Ich habe hier Freunde gewonnen und wir werden uns wieder sehen. Ich hab es versprochen und werde dieses Versprechen halten, nur zu gern. Kinderlachen und Winken begleitet uns auf unserem Weg zum Boot.

Bald ist der Weg in die Zivilisation geschafft. Ein paar Einkäufe noch, eine Bar, eine Nacht am Meer und es geht zurück. Stiche und Wunden schmerzen noch, aber auch ich habe es geschafft. Nicht zuletzt dank guter Freunde. Langsam sinke ich zurück in das Fieber was mich gefangen hält. Borneo taucht im Nebel wieder auf, Schweißbäche, Höhen, Täler, der Dschungel, die Menschen und ich sinke zurück in einen tiefen, traumlosen Schlaf.

Elefanten kommen

Der gemeinsame Ausflug

Erholung im Busch

Der blaue Seestern

Buckelwale am Boot

Südseeromantik

Auf der Hut vor dem Tiger

Der Herrscher des Dschungels

Lagerfeuerromantik

Die totale Sonnenfinsternis

Unterwegs ins Okavangodelta

Die Hütte am Strom

Einsame Begegnung

Mongolische Ansichten

Die Düne hinauf

Venezianische Ansichten

Canale Grande

Die grüne Hölle Borneos

Schlafplatz im Regenwald

In Fortaleza

Flussschiffe auf dem Amazonas

Begegnung auf dem Fluss

Vietnamesischer Alltag

Plötzlich Kraniche

8.   Es wird Nacht in Venedig
Italienische Reise

Die Uhr hat gerade zweimal geschlagen als das Boot am Anleger St Maria del Giglio fest macht. Tiefe Dunkelheit hält alles umschlungen. Am Himmel ein paar einzelne Sterne. Wind fegt durch die einsamen Gassen. Menschenleer atmen sie im Gleichklang mit den jagenden Wolken. Eine Laterne spendet Licht für einen Blick in den Stadtplan. Die Orientierung ist schwierig aber zumindest ist die Ausstiegsstelle richtig. Der Koffer rollt und holpert laut über das Kopfsteinpflaster. Hoffentlich wachen nicht alle auf, das ist mein erster Gedanke. Jeden Moment warte ich darauf, dass sich ein Fenster öffnet und man mich mit einem Schwall Wasser oder Beschimpfungen überschüttet. Ich kann den Campo San Maurizio einfach nicht finden, wo meine Unterkunft liegt. In der Küche eines größeren Hotels ist ein Lichtschein zu sehen. Also klopfen, fragen; die Verständigung ist schwierig, aber ich scheine nicht so verkehrt zu sein. Weiter geht es. Moment, hier war ich doch schon mal. Laufe ich im Kreis? Koffer abstellen, Karte hervorholen, neu orientieren. Lautloses Innehalten, so als ob man erwartet, jeden Moment einer kichernden Maske zu begegnen. Unter der Brücke summt ein Kanal sein einsames Lied in die Nacht. Wellen schlagen leicht plätschernd gegen Mauerwände, fast als ob man flüsternde Stimmen hört. Endlich die Erkenntnis. Gleich um die Ecke muss das kleine Hotel liegen und da leuchtet mir auch schon schwach ein Schild entgegen. Gefunden. Erleichterung macht sich breit. War schon ein komisches Gefühl durch eine Stadt mit engen, unbekannten Gassen, mit Brücken, Kanälen und so ganz ohne Menschen zu laufen. Aber es hat sich gelohnt. Diese Atmosphäre ist etwas Besonderes. Man fühlt sich zurückgesetzt in eine andcre Zeit. Karneval, Kavaliere, schöne Frauen, Masken, alles scheint möglich zu sein.

Ein Gittertor schützt den Eingang zu der alten Villa die heute Hotel ist. Sie stammt aus dem 16. Jahrhundert und strahlt Ruhe und Stolz, Reichtum und Macht aus. Den Zerfall hat die Dunkelheit in ein weiches Tuch gehüllt. Wie schön, es wartet sogar noch jemand der mich begrüßt und zu den Zimmern führt. Einfache Zimmer, aber mit einem ganz besonderen Charme. Ein Himmelbett in der Mitte, ein Waschtisch, ein alter Schrank, zwei Stühle. Mehr ist gar nicht notwendig um mich zu verzaubern. Das Bad ist über den Gang. Na und? Wo waren früher die Bademöglichkeiten? Schnell sind die paar Habseligkeiten verstaut und ich tauche ein in ein weiches, weißes Federbett. Traumlos versinke ich in der dichten Nacht.

Die Sonne kitzelt meine Augen durch die Spalten der Jalousie und Musik dringt durch das Fenster. Es ist schon spät am Morgen. Venedig, Traumziel so mancher Reisender. Von vielen geliebt und von mindestens genau so vielen verteufelt. Für die einen die Stadt der Maskenbälle, der Verliebten und der Ausschweifungen, für die anderen einfach nur eine stinkende Kloake. Aber ich möchte mein eigenes Venedig finden, möchte mir selbst ein Bild
machen von dieser Stadt.

Also schnell heraus aus den Federn, eine Dusche genommen und hinaus auf die Strasse. Warme Sommerluft empfängt mich und im Eingangsbereich duften Bouganville in reifer

Farbenpracht. Die kleinen Geschäfte rechts und links vom Hoteleingang haben schon geöffnet. Papierwaren in den Auslagen, Schreibfedern und Bücher in dem Einen. Kunst und Clownfiguren in dem Anderen. Gegenüber drängen sich Kinder an einem Eisstand. Die Stadt nimmt einen sofort mit viel Sympathie auf und man fühlt sich willkommen. Hinter der Ecke tut sich ein kleiner Platz auf mit einem Cafe, die Stühle stehen in der Morgensonne und laden zum verweilen ein. Der ideale Ort, um den Tag zu beginnen. Mit Espresso ist die letzte Müdigkeit schnell beseitigt. Der Blick schweift über den kleinen Platz und erfasst die Menschen, die ihn bevölkern. Hier ein alter Mann, der seine Tageszeitung am Kiosk holt. Die Jahre haben tiefe Spuren in sein Gesicht gegraben, aber seine Augen leuchten voller Interesse und Neugier. Da ein junges, verliebtes Paar. Beide sind so vollkommen mit sich selbst beschäftigt, dass sie die Welt um sich vergessen haben. Lachend und turtelnd ziehen sie an mir vorbei. Dort der dunkelhäutige Taschenhändler. Mit wachsamen Augen mustert er seine Umgebung und spricht die Passanten an, animiert sie, seine Plagiate zu kaufen, immer auf der Hut vor der Miliz. Zwei Tische neben mir eine elegante Dame in einem hellen Kostüm. Im Taschenspiegel prüft sie sorgfältig ihr Aussehen und nippt ab und an von ihrem Kaffe.

Stundenlang könnte ich so sitzen und beobachten. Frei von jeglichen Zwängen, der Augenlust hingegeben. Der einsame Voyeur oder der zynischen Beobachter? Nein, eher der sinnliche Genießer, der das Leben mit tiefen Zügen in sich aufnimmt. Jetzt schnell die Rechnung und auf geht es, selbst ein Teil dieses Spiels, dieser Bewegung, ein Puzzlestein im Leben werden. Die Stadt bei Tag erkunden.

Ein paar Schritte nur über den Campo Francesco Morosini, eine Abbiegung und die Ponte Academica liegt vor mir. Eine wundervolle Holzbrücke die den Canale Grande überspannt und mich zu einem der schönsten Museen Venedigs führt. Atemberaubend was diese Sammlung an venezianischer Malerei zu bieten hat. Ein Rausch von Farben lässt mich fast taumeln und berühmte Namen ziehen an meinen Augen vorbei. Einmalige Schönheit in einer einmaligen Stadt. Aber die Zeit reicht nicht um alles lange zu genießen, es gibt zu viel zu sehen und vieles verführt zum Verweilen und Träumen. Also schnell zurück über die Brücke in Richtung Markusplatz. Vorbei an geschäftigen Einwohnern und bummelnden Touristen, an bunten Geschäften mit Büchern, Glaswaren, neuester Mode; Masken und Cafes und Restaurants. Überall herrscht lebhafter Betrieb, nichts ist zu spüren von der Stille der vergangenen Nacht. Gondeln gleiten durch die Kanäle, Wassertaxis summen vorbei, Gesang ertönt. Die Stadt ist so lebendig.

Da tut sich dieser riesige Platz auf. Der Mensch kommt sich klein vor ob dieser Größe und dieser Pracht. Der größte Teil ist vom Hochwasser bedeckt und Stege leiten die Besucher zu den Sehenswürdigkeiten. Stühle vor den Cafes, manche sogar besetzt trotz des Wassers. Die Tauben drängen sich auf den wenigen trockenen Plätzen zusammen und warten gierig auf Futter. Auf den Stegen ein Drängen und Schieben, aber alle bewältigen die Wege. Im tieferen Wasser dirigieren Polizisten in Wathosen die Menschenströme, virtuos und ruhig helfen sie, dass jeder zu seinem Ziel findet. Meines ist die Seufzerbrücke, welche den

Dogenpalast mit dem neuen Gefängnis verbindet und von Antonio Contin, dem Neffen des Erbauers der Rialtobrücke, geschaffen wurde. Über diese Brücke wurden die verurteilten Gefangenen in ihre Zellen oder zur Exekution geführt, streng durch eine Mauer von denen getrennt, die der Gerichtsbarkeit zugeführt wurden. Wie viele Flüche und Verwünschungen, wie viel Leid und Tränen, wie viel Zorn und Wut mag diese Brücke wohl getragen haben? Ein letzter Blick traf hier die Lagune und die dort wartende Freiheit.

Zurück auf dem Marcusplatz stehe ich staunend und mit offenem Mund vor der Kirche San Marco. Das Wasser ist inzwischen gewichen, es ist Platz für die Besucher. Die Fassade zieht mich in ihren Bann und kündet vom handwerklichen und künstlerischen Geschick ihrer Erbauer. Von Menschen gemacht für die Ewigkeit. Auch ich will die Stimmung weiter auf mich wirken lassen und nehme Platz im teuersten Cafe der Welt, dem Cafe Florian. Allein die Innenräume mit ihren Holzvertäfelungen und ihren Sitzmöbeln versetzen mich in eine andere Zeit. Sehen und staunen. Nur die Preise holen einen schnell in die Wirklichkeit zurück. Aber es gibt Dinge die kann man einfach nicht für Geld kaufen, aber man kann sie erleben wenn man sich dem Leben öffnet und es einsaugt wie ein Schwamm. Es fällt schwer, diesen riesigen Platz in seiner Schönheit und Hektik zu verlassen, aber es gibt noch so viel zusehen vom ursprünglichen, vom eigentlichen, vom lebendigen Venedig.

Mein Venedig auf Zeit. Es ist eine Stadt die an jeder Ecke etwas Neues bietet. Also weiter streifen durch belebte Gassen, vorbei an neugierigen Touristen und geschäftigen

Einwohnern. Am Canale Grande, von Giglio aus, öffnet sich ein beeindruckender Blick auf das Guggenheimmuseum mit seinen Skulpturen im Vorgarten und natürlich auf die Marienkirche mit ihrer runden Kuppel, die mit dem Sonnenschein kokettiert. Den stolzen Abschluss der Landzunge bildet Dogana da Mar, die alte Zollstation aus dem 15. Jahrhundert. Noch heute grüßt Fortuna auf der goldenen Weltkugel die vorbeifahrenden Schiffe und wünscht ihnen Glück. Es herrscht ein lebhafter Verkehr. Privatboote, Gondeln, Wassertaxis und Transportboote, alles wimmelt durcheinander und Unfälle und Schiffskatastrophen scheinen vorprogrammiert zu sein. Aber nein, alles geht nach seinen eigenen Regeln und selbst wenn es einmal eng wird genügen ein paar laute Rufe und Kommandos und schon klärt sich die Lage.

Die alten Palazzi strahlen den Charme einer längst vergangenen Zeit aus und sind zu Teil wunderschön renoviert. Hier und da verdecken noch Gerüste den Blick auf die neue alte Pracht. Überall wird fleißig an Erhaltung und Erneuerung gearbeitet. Nun haben wir uns aber eine kleine Pause verdient. Die Weinstube Al Volto lädt in einer ruhigen Gasse am Canale Grande zum verweilen ein. Ein guter Tropfen Rotwein schmeichelt samtweich dem Gaumen und legt ein Geschmacksfeuerwerk frei. Dazu ein paar kleine Appetitshäppchen und schon kann die Eroberung Venedigs weitergehen. Als ich die Straße wieder betrete ist es merklich ruhiger geworden. Die Nachmittagssonne steht schon tief und die Tagestouristen eilen zu den Booten, fertig für die Rückfahrt. Venedig bereitet sich für den Abend und die Nacht vor. Die Geschäftigkeit ist noch geblieben, aber sie ist anders geworden, hat ihre Hektik verloren. Es scheint als ob die Stadt langsamer atmet. Weiches Nachmittagslicht lässt noch einmal alles wie Gold glänzen. Wie ein Schleier zieht die Dämmerung herauf und beginnt die Stadt einzuhüllen. Ich sitze an der Uferpromenade Fondamente Nuove. Im 16. und 17. Jahrhundert zogen sich hier Gärten bis zum Wasser hinunter. Bei klarem Wetter kann man von hier sogar die Dolomiten sehen. Aber heute ruht mein Blick auf San Michele, dem größten Friedhof Venedigs auf der Insel Michele gleich gegenüber. Am Schiffsanleger herrscht geschäftiges Treiben. Feierabendstimmung, laute Unterhaltungen würdigen das Tagwerk und bereiten den Abend vor.

Jetzt da sich die Nacht nähert spazieren die Gedanken wieder zurück in der Geschichte. Dogen, Bleikammern, Masken, rauschende Feste, Reichtum und Verfall. Das ganze schmückt eine morbide Sinnlichkeit, die sich im plätschernden Wasser zu ertränken scheint, nur um kurz darauf tief atmend, neu geboren zu werden. Die Romane von Donna Leon nehmen im Kopf Gestalt an. Gut, dass Comisario Brunetti seine Fälle immer klärt, es kann also nichts geschehen. Oder ist diese Nacht für die Verliebten gemacht? Für Versprechungen, für geflüsterte Worte, für heimlich Schwüre, für verdeckte Berührungen und süße Küsse? Alles kann sein in deiner solchen Nacht, in einer solchen Stadt. Die Geräusche haben sich verändert. Alles klingt ein wenig hohler und die Fenster schauen mich mit nachtgelben Augen an. Sie blicken in die Dunkelheit und bilden Lichtkreise. Leuchttürme der Nacht. Das Plätschern des Wassers ist hörbarer und dumpfer geworden, die Schritte beginnen zu hallen und ich setze meinen Streifzug fort. Jetzt allerdings, um den Hunger des Tages zu stillen und mich den Genüssen des venezianischen Essens hinzugeben. Weg von der Einsamkeit, hin zu den netten, lebhaften Lokalen. Auslagen locken vielerorts bunt und vielfältig. Gemüse, Meerestiere, Fleisch, präsentiert auf glitzerndem kalten Eis, alles bildet einen sinnlichen Farbenrausch der mich lockt und anzieht. Die Breite des Angebots ist kaum zu übertreffen und die Auswahl fällt sichtlich schwer. Aber allein das Schauen so im vorbeischlendern erhöht die Lust auf Essen ungemein. Nachdem ich die Rialtobrücke überschritten habe, nicht ohne noch einmal dem Gesang der Gondoliere zu lauschen, werde ich im Stadtteil San Polo fündig. Das Da Fiore ist für meine Zwecke bestens geeignet, tummeln sich doch hier während des Filmfestes die ganz großen Stars. Besonders die Fischspezialitäten haben es mir angetan. Den Einstieg in den Abend bilden frittierte Zucchini, gefolgt von ein paar Nudeln. Dann kommt der kulinarische Höhepunkt des Abends, ein Seebarsch in Balsamico. Was für ein Genuss. Ein solider Chianti Classico unterstreicht das Ganze gemütlich und nicht zu schwer und ein hausgemachtes Tiramisu, begleitet von einem guten Cognac rundet den Abend ab. Was für ein Genuss. Auch die andern Gäste, die lebhaft in ihren Gesprächen sind, loben die Küche überschwänglich. Italienische Lebensart in einem kunstvollen Rahmen, zelebriert wie ein Konzert. Mit allen Sinnen genießen.

Nun ist es wirklich wieder tiefe Nacht geworden und meine Schritte hallen einsam wieder in den Gassen. Venedig hat sich zur Ruhe gelegt und atmet sanft seinen Charme in die Nachtluft. Die Kanäle plätschern leicht schnarchend dazu und trotzdem wirkt alles still. Aber nicht überall ist es so.

Aus einer Pizzeria klingt lautstark Jazz. Richtiger Südstaatenjazz aus New Orleans. Wer vermutet das schon in Venedig? Aber irgendwie passt es, genau wie das Bier, das sich mit mir im Rhythmus der Musik im Glas bewegt. Ja, auch das ist Venedig, lebendig und beschwingt, auch noch in später Nachtstunde. Gegensätze die zueinander passen. Die Nachtluft vor der Pizzeria trocknet schnell den Schweiß. Voller schillernder Eindrücke bin ich wieder auf dem Weg durch die Nacht. Als ich endlich den Campo San Maurizio erreiche, beginnt ein grauer Streif am Himmel. Es wird morgen in Venedig.

9.   Den Amazonas hinauf
Reisen in Brasilien

Endlich angekommen. Schwülwarme Luft schlägt uns nach dem Verlassen des Flugzeuges in Fortaleza entgegen, Ausgangspunkt einer spannenden Reise, die uns den Amazonas (hier Rio Solimoes) hinauf bis nach Manaus und weiter in den unwegsamen Dschungel am Rio Negro führen soll. Spät ist es schon als wir unsere Unterkunft direkt am Strand erreichen, aber ein brasilianisches Essen und ein originaler Caipirinha sollen es schon noch sein. Eine deutsche Studentin wird uns auf dieser Tour begleiten und dolmetschen. Ein wenig aufgeregt ist sie und unsicher, aber das verschwindet schnell beim gemeinsamen Abendessen. Es mundet vorzüglich und wir lassen das brasilianische Nachtleben noch ein klein wenig auf uns wirken, ehe es in eine tiefen, traumlosen Schlaf mündet.

Aber was ist denn das? Stimmengewirr, klappernde Füße, Lebhaftigkeit, laute Rufe. Ist hier eine Revolution ausgebrochen? Schnell zum Fenster und hinausgeschaut. Hunderte Läufer sind auf einem Stadtmarathon unterwegs. Gefeiert von ihren Landsleuten laufen sie durch die Morgensonne. Na ja, das wäre nichts für mich bei diesen Temperaturen. Ein kurzer Ausflug zum Strand, um das Meer zu begrüßen, ein stärkendes Frühstück und schon geht es los, die Stadt zu erkunden. Es ist Sonntag, und das Leben scheint sich an die Strände verlagert zu haben. Die Stadt ist menschenleer, fast geisterhaft. Man glaubt, in eine Filmkulisse geraten zu sein. Pastellfarbene Häuser säumen wie überdimensionierte Bonbons den Marktplatz. Das Theatro Jose de Alencar liegt einsam in der Morgensonne und verströmt seinen Jugendstilcharme. Nur die Menschen fehlen, also entschließen wir uns dorthin zu gehen, wo sie mit Sicherheit sind, an den Strand.

Die Suche nach einem passenden Bus ist schnell gemeistert und mit tatkräftiger Hilfe der Einheimischen ist auch der belebte Stadtstrand schnell gefunden. Brasilien pur. Zwar nicht die Copa Cabana, aber an Schaustücken mangelt es auch hier nicht. Braungebrannte Strandschönheiten flanieren flirtend auf und ab. Durchtrainierte Jungs spielen Fußball, überall werden Kleinigkeiten verkauft und an den belebten Strandbars kommt man schnell ins Gespräch. Da auf beiden Seiten die Neugier überwiegt, stellen die Sprachbarrieren kein wirkliches Hindernis dar. Sonne, Sand und Meer, das perfekte Urlaubsfeeling kommt sofort auf. Schnell noch ein paar Drinks für die Mädels geholt und dann an das erinnert, warum wir eigentlich hier sind. Wir brauchen Hängematten für den Dschungeltrip und in Brasilien kauft man am Strand am günstigsten ein. Sagt man, aber wir finden irgendwann auch das Passende zu einem vernünftigen Preis. Den Nachmittag beschließen wir noch mit einem kräftigen Sundowner in einer Bar. So lässt es sich leben.

Nun aber weiter in Richtung des Bundesstaates Para. Der Flieger bringt uns nach Belem, der Hauptstadt dieses Bundesstaates, direkt am Amazonasdelta. Lebhaft wiegt sich die Stadt im Rhythmus des Flusses, wir bewundern großzügige Parkanlagen mit schmiedeeisernen Musikpavillons, Alleen, die von Mangobäumen eingerahmt sind und wundervolle Stadthäuser, die auf Wohlstand schließen lassen. Bald erreichen wir den Mercado Ver-o-Peso, den lebhaften Markt der Stadt. Das Angebot verschlägt uns die Sprache. Neben Fisch, Fleisch, Obst und Gemüse lagert eine bunte Vielfalt von Dingen die die Welt nicht braucht. Schlangenhäute, Krokodilzähne, alle Arten von Canchazas und Potenzmittel in jeder Form und Größe. Es ist unendlich spannend, durch die engen Gänge zu schlendern und sich immer aufs Neue überraschen zu lassen. Es ist eine fremde exotische Welt, die sich uns nur langsam erschließt, aber die freundlichen und aufgeschlossenen Händler unterstützen uns nach Kräften, die eine oder andere Kleinigkeit doch zu erwerben. Lachend und feilschend genießen wir diesen ungewöhnlichen Markt.

Aber Belem hat auch den größten Hafen im Amazonasgebiet. Von hier aus gehen Edelhölzer, Paranüsse und Jute hinaus in alle Welt. Früher waren insbesondere Vanille, Kakao und Zimt begehrte Güter, die von hier verschifft wurden und den Weg nach Europa fanden. Heute kann das Gebiet des Hafens mit anderen Städten in Europa durchaus mithalten. Großzügig modernisiert und auf das Nachleben eingerichtet reihen sich hier Restaurants und Galerien aneinander und wir beschließen, den Tag bei einem noblen Essen ausklingen zu lassen. Der Rückweg zum Hotel wird mit dem Taxi bewältigt, denn nachts ist es nicht ratsam, auch noch mit zwei Frauen an der Seite, zu Fuß unterwegs zu sein. Ganz früh am Morgen startet die Fähre zu Ilha de Marajo, der größten Insel im Amazonasdelta, nein der größten Flussinsel der Welt. Flächenmäßig sogar noch größer als die Schweiz. Hier erscheint der Amazonas auch nicht mehr wie ein Fluss, sondern wie das Meer. Riesig, unendlich, unüberwindbar, wild und voller Geheimnisse. Auch riesige Boas und Alligatoren haben hier ihr Zuhause. Wir begegnen ihnen glücklicherweise nicht. Dichte

Mangrovenwälder säumen die Küste, aber für uns heißt es weiter nach Alter do Chao, einem recht ursprünglichem Indianerdörfchen bei Santarem. Weiße Sandstränge laden zu einem Bad im Fluss und eine Bootsfahrt macht uns mit den Schönheiten der Flussinseln vertraut. Auch hier fällt der Abschied schwer, aber die Vorfreude auf die Abenteuer überwiegt im Sonnenschein.

Das Ziel heißt Santarem. Dort sofort zum Flusshafen, denn wir wollen nun ein Frachtschiff besteigen, was uns in einer dreitägigen Fahrt bis Manaus bringen soll. Die Mädels buchen sofort eine Kabine und für mich ist es die Gelegenheit, mich unter das Volk zu mischen und die neue Hängematte an Deck einzuweihen. Was für ein Gewimmel empfängt uns hier. Wir sind die einzigen Europäer an Bord und werden freundlich und neugierig empfangen. Als sie sehen, dass ich mit an Bord wie die Einheimischen nächtigen möchte, wird mir sofort ein Ehrenplatz eingeräumt, wo ich in bester Decklage alles im Blick habe. Bis zum Ablegen sind noch mindestens 5 Stunden Zeit, also geht es los, das Hafengebiet zu erkunden. Ich bleibe in einer typischen brasilianischen Kneipe hängen. Die Verständigung klappt großartig und man stellt für mich einen wackligen Klapptisch und einen Blechstuhl auf. Schnell ist ein riesiger Canchaza frisch aus dem Holzfass, ein großes Bier und eine Limonade für mich serviert, aber die Mädels beenden sehr schnell meine Idylle und schleppen mich in eine „normale" Speisegaststätte. Natürlich nicht ohne zu bezahlen. Umgerechnet einen Euro kostete das Ganze und am dicken Grinsen des Barmannes konnte ich sehen, dass dieses Geschäft zur beiderseitigen Zufriedenheit gelaufen war.

Zurück auf dem Frachtschiff schaue ich ein wenig den Beladearbeiten zu. Eine schwere Arbeit, die von den Männern mit viel Kraft und Anstrengung erledigt wird. Beeindruckend was sie leisten und ich werde auf dieser Fahrt noch oft Gelegenheit haben, dieses zu beobachten. Langsam sinkt die Nacht über den Fluss, die Arbeiten gehen bei Licht weiter und ich liege in meiner Hängematte als stiller Beobachter des lebhaften Treibens. Was für ein Ort, genau in meiner Blickrichtung liegen die Wasserhähne und der einzige Spiegel an Bord. Alle Frauen machen sich dort fertig für die Nacht. Man möchte fast gar nicht die Augen schließen, aber die Wellen wiegen mich sanft in den Schlaf. Im Unterbewusstsein merke ich, wie das Schiff gegen 22.00 Uhr ablegt, aber das Gemurmel der Stimmen und das Plätschern der Wellen sind meine Nachtmusik. Das leichte Schaukeln und das gleichmäßige Stampfen des Schiffsdiesels sind Begleiter auf dem Weg in die Nacht. Die Gespräche der Passagiere werden leiser und intensiver. Hier und da kreist eine Flasche Canchaza. Einsame Lampen sorgen für ein diffuses Licht an Deck. Kleine schwankende Lichtquellen in der tropischen Dunkelheit. Die Augen schließen sich träge und das Herz beginnt zu sehen. Es ist einfach schön. Wie gut, dass wir diese Form des Reisens gewählt haben. Die Nacht ruft den Schlaf und die Hängematte schaukelt im Takt dazu. Tief und traumlos gleite ich dahin. Doch plötzlich weckt mich der Kapitän; wie was ist los? Ach so, irgendwie erklärt er mir mit Händen und Füßen, dass ich Aufstehen sollte, denn für die Deckpassagiere wird gleich das Frühstück gerichtet und da es Viele sind wäre es gut für mich, zeitig bei Tisch zu sein. Dieses kleine Ritual behält der Chef auf der gesamten Reise bei. Immer 5 Minuten vor den Anderen weist er mich zu einem guten Platz, damit ich auch satt werde. Die Stunden plätschern im süßen Nichtstun dahin wie der Fluss. Immer wieder unterbrochen von Stopps in kleinen Städten, wo Waren ausgeladen werden und neue Güter an Bord gehen. Immer wieder harte Arbeit, geleistet von fröhlichen Tagelöhnern, die kräftig und geschickt zupacken. Die Zeit vergeht mit lesen, schauen und träumen. Immer wieder schaukelt mich die Hängematte weg aus dieser Welt in bunte Tag- und Nachtträume. Die Landschaft zieht vorbei und verändert sich. Immer mehr tritt der Dschungel hervor und die Pflanzen- und Tierwelt wird bunter, ab und an unterbrochen durch ein Dorf und winkende Menschen. Immer wieder treten Einheimische zu mir um ins Gespräch zu kommen. Komischerweise klappt auch die Verständigung irgendwie, obwohl ich kein Portugisisch und sie kein Englisch oder Deutsch sprechen. Es ist die Neugier aufeinander, die die Verständigung leicht macht und uns die Sprache der Herzen sprechen lässt. Ich bin in Brasilien angekommen.

Die letzte Nacht hat sich über den Fluss gesenkt. Wir lassen meine Rumflasche kreisen und stoßen noch einmal an, froh uns begegnet zu sein, aber auch froh, dass diese Reise morgen ihr Ende findet. Gegen halb 3 stößt mich einer der Brasilianer am Morgen an und gibt mir zu verstehen, dass wir gleich in Manaus sind. Meint er, gut, ich kann auch den fernen Lichtschein erkennen, aber schließlich sind es noch 3 Stunden Fahrt, die wir plaudernd verbringen, ehe wir im Hafen anlegen. Was für eine Stadt. Die Hauptstadt des Bundesstaates Amazonas, die Metropole des Kautschuks im ausklingenden 19. Jahrhundert und die Stadt großer

Operntraditionen, eng verbunden mit dem Theatro de Amazon. Und genau daneben wohnen wir. Es sind Wagnerfestspiele und sehr gern hätten wir eine der Aufführungen besucht, aber leider ist an keinem der Tage, wo wir hier weilen, eine Vorstellung. Auch die Einwohner haben die Möglichkeit draußen an den Vorstellungen teilzunehmen, die über riesige Leinwände übertragen werden. Auf dem gesamten Vorplatz sind Stühle aufgestellt, die auf ein großes Interesse schließen lassen. Aber auch so lässt eine Besichtigung diese ehrwürdigen Hauses nichts zu wünschen übrig, Noch heute strahlt hier die Pracht und der Reichtum der Kautschukbarone, zieht der Duft des süßen Lebens durch die Räume und man wird ganz automatisch still. Eine Stadt voller Gegensätze, die es schwer hat, sich zu behaupten. Heimisch wirkt der Containerhafen, denn die Container mit Herkunftsort Hamburg türmen sich hier zu Gebirgen. Es ist der bedeutendste Umschlagplatz für Waren im Amazonasgebiet. Bunte Märkte ziehen uns ebenso in ihren Bann wie alte Villen. Eine Mischung aus Reichtum und Verfall. Aufgeregt fiebern wir dem nächsten Morgen entgegen, wo unser Dschungelabenteuer beginnen soll.

Gespannt besteigen wir im Hafen ein Flussschiff, das uns den Rio Negro hinauf zu einer Floating Lodge bringen soll, aber zunächst besuchen wir den Zusammenfluss „Entro das Aguas" der Flüsse, wo das hellbraune Wasser des Rio Salimoes und das schwarze Wasser des Rio Negro kilometerweit nebeneinander her fließt, ohne sich zu vermischen. Ein faszinierendes Naturschauspiel. Schnell ist die Ausrüstung noch einmal gecheckt. Dschungelsachen, Wanderschuhe, Regenjacken und Hängematten. Alles hat Platz gefunden in meinem 80 Liter Bundeswehrrucksack.

Selbst wenn etwas fehlen würde, wäre es nun zu spät, denn wir biegen schon ein in den Rio Manacapuru, wo wir nach 6 Stunden Fahrt an unserer Lodge fest machen. Schnell sind ein paar Grüße mit denen getauscht, die sich auf den Rückweg machen. Wenig Zeit bleibt, denn für uns ist schon ein kräftiges Essen gerüstet. Dann machen wir uns mit den beiden Männern bekannt, die uns auf unsern abenteuerlichen Fahrten durch den brasilianischen Dschungel begleiten und beschützen werden. Kleine, kräftige Männer aus British Guyana , zu denen wir sofort Vertrauen fassen. Und schon geht es hinaus auf den Fluss zum Angeln. Es ist die Zeit des hohen Wassers und der Fluss steht bis unter die Baumkronen. Der Unterschied zur Trockenzeit beträgt 15 m Wasserstand. Was für ein Gefühl. Lautlos gleiten wir unter den Baumkronen dahin, begegnen Kanus mit Indianern, die ihr Leben hier verbringen. Geschützt und ernährt vom undurchdringlichen Dschungel. In dieser Zeit ist das Boot das einzig mögliche Verkehrsmittel. So und nun heißt es die Angeln auswerfen, denn das Abendessen will verdient sein. Piranhaangeln ist angesagt. Kleine Fleischstücke werden auf kräftige Haken gespießt und die Rutenspitze immer wieder schnell auf die Wasseroberfläche geschlagen. Tatsächlich führt diese Methode zum Erfolg, der sich, bei uns Gringos zumindest, allerdings in Grenzen hält. Aber wie heißt es so schön: „ Dabei ist Alles". Als wir später aus dem Schutz der Baumkronen in einen Hauptlauf abbiegen, hat sich die Welt verändert. Das Sonnenlicht hat einen violetten Ton angenommen und ist intensiver geworden und schon prasselt ein Regenguss auf uns herab, der es in sich hat. So schnell haben wir die Regenjacken gar nicht übergezogen und schon gießt es wie aus Eimern. Blitzschnell wie der Regen gekommen ist, ist er aber auch wieder verschwunden.

Doch der Tag hält noch mehr für uns bereit. Eine Vogelspinne zur Freude der Mädels und dann etwas ganz Besonderes. Wir legen an einem Baum an und einer unserer Führer steigt geschickt nach oben. Eine Minute später ist er wieder im Boot, und hält in der Hand ein Dreizehenfaultier, was er mir reicht. Mutig nehme ich es im Genick. Wie ich es so halte sehe ich, dass nicht das Faultier das eigentliche Problem ist, sondern die kleinen Tiere, die auf dem Faultier sitzen. Es ist schon eine ganz besondere Begegnung von Mensch und Tier und behutsam setzen wir es wieder zurück auf seinen Baum. Wieder an der Lodge angekommen, wird erst mal ein Bad im Fluss genommen. Ein komisches Gefühl ist schon dabei, denn schließlich haben wir doch gerade Piranhas geangelt in diesem Wasser. 15 Meter tief ist es hier und die Fluten umschließen uns mit warmer Dunkelheit. Aber bei allem Spaß ist diese kleine Angst schnell vergessen und immer wieder toben wir ausgelassen wie kleine Kinder mit unseren Führern und springen von der Plattform in die warmen Fluten. Wir tauchen ein und lassen einen Unterwasserwald auf uns wirken. Gemeinsam mit Fischen gleiten wir über Baumkronen dahin. Es ist fast wie ein Traum, eine völlig neue Art sich fortzubewegen. Schon ziemlich abenteuerlich, so ein Bad im Rio Negro. Aber darum sind wir ja auch hier, um solche Erfahrungen zu sammeln. Das Abendessen mit dem selbst geangelten Fisch schmeckt um so besser und auch das kalte Bier, dass mit unserer Ankunft vom Boot geliefert wurde.

Aber damit ist der Tag noch nicht zu Ende. Mit Einbruch der Dunkelheit besteigen wir wieder unser Boot um Alligatoren zu beobachten. Im Schein der Taschenlampe sind immer wieder die Augen zu sehen. Teilweise sehr große Tiere. Was die Jungs allerdings jetzt tun, verschlägt uns den Atem. Sie machen das Boot fest und gleiten ins Wasser. Dunkle Stille umhüllt uns. Nach wenigen Minuten sind sie zurück und reichen Babyalligatoren ins Boot. Uns läuft eine Gänsehaut nach der Anderen den Rücken hinunter. Was für ein Wagnis, aber alles ist gut gegangen. Wir brauchen lange, um einzuschlafen und das liegt nicht nur an den Moskitos, sondern auch am Erlebten dieses Tages, was noch lange nachklingt. Der nächste Morgen fordert uns, denn heute geht es für 3 Tage hinaus auf den Fluss, hinein in den Dschungel. Alles ist gepackt und auch die Hühnchen und der Reis sind verstaut, die unser Essen sichern. Noch das Trinkwasser ins Boot und schon legen wir ab. Hinein in die Urwälder am Rio Negro.

Langsam gleiten wir unter den Baumkronen entlang. Zuverlässig tuckert der Diesel. Still sind wir geworden. Jeder in Gedanken versunken. Es ist ein wundervolles Schauspiel was sich uns hier bietet. Natur und Mensch sind im Einklang. Immer wieder begegnen wir Faultieren, Alligatoren, Schlangen und Waranen. Im Boot fühlen wir uns sicher und vertrauen auf das Können unserer Führer. Auch ein in sich zusammenbrechender Baum, der uns über und über mit Staub und Ameisen bedeckt, kann unsere Abenteuerlust nicht zügeln. Am späten Nachmittag erreichen wir ein Urwalddorf. Unsere Ankunft bedeutet dort eine große Abwechslung und wir werden freundlich aufgenommen. Für uns ist es ein sehr ungewohntes Gefühl, gehören sie doch zum Stamm der Yanomami, einem für ihre Kriegskunst bekanntem Indianervolk. Natürlich haben wir kleine Geschenke dabei und es sind zuerst die Kinder die zu uns Vertrauen fassen. Ein Mädchen von vielleicht 5 Jahren, sie heißt Telesia, ist sofort ins Spiel mit den beiden Frauen vertieft und ein Junge von 14 Jahren weicht nicht mehr von meiner Seite nachdem ich ihm ein Schweizer Messer geschenkt habe. Sogar eine Dschungelbar mit Billard gibt es hier und ich ordere erst mal Caipirinha für die ganze Mannschaft was mit Freuden angenommen wird. Stolz erzählt uns der Häuptling von seinen letzten Jagden und präsentiert und ein frisch erlegtes Leopardenfell. Auch hier eine absolute Ausnahme, aber der Leopard hatte immer wieder die Tiere des Dorfes gerissen und wurde durch die Regierung zum Abschuss freigegeben. Eigentlich müssten wir nun los, aber es ist mal wieder Regen aufgezogen und es schüttet gewaltig. Die Dorbewohner laden uns ein, unsere Hängematten unter dem Dach der Bar anzubinden und wir tun das mit Freude. Schnell ist Huhn mit Reis bereitet und nach ein paar Flaschen Bier schlafen wir zufrieden ein. Die Dorfhunde wachen über uns.

Die Morgentoilette findet im Fluss statt und ist schnell erledigt. Für mich zumindest, denn das Damenprogramm sagt etwas von Haarpflege. Nach einem kräftigen Frühstück geht es wieder in die Boote und hinaus auf den Fluss, tiefer hinein in den Urwald. Der Fluss ist breiter geworden und es kommt immer mehr Wind auf. Unser kleines Boot wird zum Spielball der Wellen. Die Führer sind umsichtig und steuern eine kleine Insel an. Noch wissen wir nicht, dass sie unser zu Hause für diesen Tag sein wird. Huhn mit Reis und abwarten und Huhn mit Reis. Der Wind will sich nicht legen und so bereiten wir uns auf die Nacht vor. In den Schlaf geschaukelt von unseren Hängematten und gestreichelt vom Wind. Am nächsten Morgen ist der Tag des Fußmarsches angebrochen und der Sturm hat sich gelegt. Wanderung zum

Wasserfall heißt das Ganze und ich freu mich so lange, bis man mir sagt, dass wir das Gepäck hier nicht im Boot lassen können, weil die Ausstiegsstelle zu befahren ist. Also Rucksack auf und los. Die ersten Meter sind ein komfortabeler Pfad durch eine alte Plantage ehe wir in den Dschungel einbiegen und unseren Weg mit Macheten frei schlagen müssen. Immer wieder geht es über umgestürzte Bäume oder unter ihnen hindurch. Immer den Rucksack auf dem Rücken und Schlamm im Gesicht. Regen begleitet uns und schwüle Wärme, aber schon nach zwei Stunden haben wir unser Tagesziel erreicht. Der Wasserfall. Ich werfe den Rucksack ab, steige aus den Sachen und bin innerhalb einer Sekunde von Mücken umschwärmt. Also schnell hinein ins Wasser und unter den Fall. Innerhalb von Minuten ist die ganze Anstrengung vergessen. Genuss pur und eine wundervolle Abkühlung. Kaltes, klares Wasser, spritzende Diamanttropfen am Rand des Schwalls, ein Vorhang aus Wasser , der mich einhüllt und vor den Mückenschwärmen schützt. Sonnenstrahlen brechen sich darin und lassen kleine Blitze zucken. Die perfekte Erfrischung. Als ich mein Bad verlasse, ist das Lager schon errichtet und das qualmende Feuer hat die Mücken vertrieben. Wieso hält sich eigentlich meine Freude auf Huhn mit Reis in Grenzen? Die Jungs haben aber zur Entschädigung einen leckeren Tee aus Baumrinde gezaubert, der fast wie eine Fleischbrühe schmeckt. Nun lernen wir unsere Lektion über die Heilkraft des Urwaldes und über das Überleben im Dschungel. Aufmerksam und staunend lauschen wir den Männern und ich freue mich wie ein kleines Kind als sie beginnen, mir ein Blasrohr als Geschenk zu basteln. Was für außergewöhnliche Menschen. Es wird noch bis zum Abend des nächsten Tages dauern, ehe sie damit fertig sind. Wir sind Freunde geworden. Ruhig lauschen wir in unseren Hängematten den Geräuschen des Urwaldes. Irgendwann klopfen die Herzen nicht mehr ganz so schnell und wir schlafen ein. Bewacht von riesigen Baumkronen und von zwei Männern, die es uns leicht machen, in ein solches Leben einzutauchen.

Die Morgenwäsche findet praktischer Weise am Wasserfall statt und dann wird für den Rückmarsch gepackt. Hier gibt es eine nächste Lektion. Zu meiner Freude beschäftigen wir uns heute mit Vogelspinnen, holen sie aus ihren Erdlöchern, reichen sie herum und, ach so, die Mädels haben nicht so begeistert mitgespielt. Das verstehe mal einer. Mit dem Boot geht es zurück zur Lodge durch eine Natur, die uns atemlos macht. Wir hören den Ruf eines Alligators, folgen ihm und finden uns auf einer seeartigen Lichtung mit riesigen Seerosenblättern wieder. Den Alligator sehen wir nicht, vielleicht auch gut so, denn die Führer versichern uns, dass er mindestens 5 m lang ist. So genießen wir das Sonnenlicht, was durch die Gipfel sprüht und uns und die Welt um uns sanft streichelt. Der nächste Stopp heißt wieder mal Dschungelbar und Caipirinha. Die Bewohner empfangen uns wie alte Freunde und selbst die Papageien scheinen uns noch zu kennen. Dann sind wir wieder auf der Lodge und fallen müde in unsere Betten.

Am nächsten Tag werden die Geschenke ausgetauscht. Dieses Blasrohr ist für mich etwas wirklich Besonderes. 2 Tage haben die beiden Männer intensiv daran gearbeitet, haben den Ast ausgesucht, haben es ausgehöhlt, am Feuer gehärtet, geglättet, mit Schlangenzähnen und Federn verziert und schließlich die Pfeile gebastelt und die Spitzen gehärtet.

Jede Minute ihrer freien Zeit waren sie damit beschäftigt, mir ein Geschenk zu fertigen. Jetzt stehen sie stolz vor mir und überreichen die Gabe. Irgendwie bin ich überwältigt. Nicht nur die Geste ist es, sondern auch der Gedanke der sich dahinter verbirgt. Sie haben mir alle Arbeitsschritte auch noch erklärt dabei. Sie haben mich mit ihrem Alltag, ihrer Kultur und ihrer Geschichte vertraut gemacht und einen Teil der Geheimnisse des Dschungels gelüftet. Das ist sehr wichtig für mich, denn ich hoffe in diesem Moment, dass noch einige Reisen folgen werden, wo mir dieses Wissen helfen wird, im Dschungel zu leben und zu überleben. Die Messer und das Trinkgeld was ich ihnen gebe, sind dagegen eher eine kleine Geste und ich bin ein wenig beschämt. Aber sie sind glücklich und zufrieden, denn die Dollars die sie nun in der Hand halten entsprechen einem Jahreseinkommen und ihre Familien können das zusätzliche Geld gut gebrauchen. Ihr Leben ist mit unserem nicht vergleichbar, ist härter, entbehrungsreicher aber auch viel farbiger und erfüllter. Manchmal möchte ich gern tauschen. Dieses Mal sind wir es, die den Tisch für die Neuankömmlinge decken und nach dem Ausladen von Lebensmitteln und Bier das Boot besteigen, das uns zurück bringt nach Manaus. Träumend liegen wir an Deck und halten Rückschau. Was für schöne Tage. Der bekannte Hafen empfängt uns und mit dem Taxi sind wir schnell im Hotel. Am Abend geht es für ein typisch brasilianisches Essen in eine typisch brasilianische Kneipe mit riesigen Fleischportionen. Ich bin noch an das frühe Aufstehen im Dschungel gewöhnt und schleiche mich um 5 Uhr hinaus in die Stadt. Das gibt mir die Möglichkeit zu einem Besuch der katholischen Kirche gleich bei der Oper. Auch ein ganz besonderes Erlebnis in einem fremden Land.

Das Flugzeug bringt uns dann mit 8 stündiger Verspätung zurück nach Fortaleza und trotzdem wartet das Taxi auf uns, das uns nun zum blütenweißen Sandstrand nach Canoa Quebrada bringt. Hier erwarten uns noch ein paar Tage, angefüllt mit Sonne, Sand und Meer. Keine Hauptsaison, keine Touristen, Hummer satt, ein traumhafter Strand und natürlich, Caipirinha, Faul sind wir und lassen in Gedanken die Abenteuer Revue passieren. Dazu rauschen tiefblaue Wellen an einen weißen Strand. Das Wasser ist warm, die Sonne brennt, die Cabanas haben nur zum Teil geöffnet. Was fehlt ist die Hektik der Saison, aber auf die können wir gut verzichten. Dafür beobachten wir die Verkäufer am Strand, lassen uns bedienen oder einen Drink mixen, ach ja, auch die Angelsehne und die Haken werden ausprobiert, denn es gibt hier große Rochen. Diese erweisen sich allerdings als große Kämpfer und ohne eine richtige Rute bin ich vollkommen machtlos. Trotzdem sind es wunderschöne Tage, die wir hier in Ruhe und Abgeschiedenheit verbringen. Wieder lernen wir Menschen kennen, die uns mit ihrer einfachen Herzlichkeit verwöhnen, die uns das Gefühl geben, keine Gäste zu sein, sondern ein Teil ihrer Gemeinschaft. Wir werden in Familien eingeladen, reden, essen und trinken und lernen die Kultur viel näher kennen, als wir erwartet haben. Am Abend sind Musiker angetreten, die extra für uns ein kleines Konzert geben und noch heute erhalte ich den Newsletter der Gemeinde und bin ständig auf dem Laufenden was da passiert. Internet hat diese Welt klein gemacht und trägt aber auch dazu bei, Freundschaften zu pflegen, die sonst sicher schon Vergangenheit wären. Die Zeit vergeht wie im Flug unter der brasilianischen Sonne und wir stoßen noch einmal auf die Freundschaft an, ehe es heißt „Brasilien, auf Wiedersehen".

10.   Unter Löwen und Elefanten
Reisen in Tansania

Heute heißt es Staub fressen. Knapp 250 km liegen vor uns, um von Voi in Kenia nach Arusha in Tansania zu reisen. Schon am Morgen brennt die Sonne gnadenlos vom Himmel, aber die ersten Kilometer auf einer gut ausgebauten Asphaltstrasse fliegen nur so dahin. Irgendwann verlassen wir die jedoch, um auf einem endlosen Staubband Richtung Tansania abzubiegen. Ein Knall reißt mich aus meinen Träumen. Reifenpanne! Nichts Ungewöhnliches bei diesen Pisten und schnell haben der Fahrer und ein Helfer das Werkzeug ausgepackt und beginnen mit der Arbeit. In nehme die Staubbrille ab und schiebe meinen Hut ins Genick, da tauchen wie aus dem Nichts fünf Massais in ihren farbenfrohen Umhängen aus. Wir begrüßen uns mit dem typisch afrikanischen Handschlag, der Freundschaft und Vertrauen symbolisiert so, als ob wir alte Bekannte wären, die sich an dieser Stelle zu einem sonntäglichen Schwatz verabredet hätten. Dunkel sind sie, fast schwarz, mit kurzem krausen Haaren und markanten Gesichtern. Augen, die einem bis auf den Grund der Seele sehen können. Besonders interessiert mustern sie das Messer, was ich am Gürtel trage. Stumm reiche ich es Ihnen, damit sie es begutachten können. Anerkennendes Gemurmel und prüfende Blicke, eine kurze Schärfeprobe und ich erhalte es zurück. Ihre Augen sagen mir, dass auch ich nun für sie ein Krieger geworden bin. Akzeptiert als Gleicher unter Gleichen. Da diese Männer sehr stolz und selbstbewusst sind, ist ihr Verhalten eine große Auszeichnung für mich. Dieser Augenblick ist immer etwas ganz Besonderes. Sie stellen sich neben mich und beobachten schweigend den Reifenwechsel. Noch ein paar kurze Worte mit dem Fahrer und schon verschwinden sie im Dunst und in der Weite der Steppe. Eine kleine Schaf- und Ziegenherde begleitet sie. Für uns heißt es weiter, denn die Panne ist beseitigt. Also schnell die Staubbrille aufgesetzt und den Hut ins Gesicht gezogen, noch einen Schluck Wasser und wir setzen die Fahrt fort. Nach weiteren 2 Stunden ist die Grenze von Tansania ohne Zwischenfälle erreicht. Da ich einige Erfahrung mit afrikanischen Grenzen und den dortigen Behörden mitbringe, geht für mich die Überquerung recht schnell. Ein paar nette Worte, ein Lächeln, ein paar Zigaretten und schon sind die Herzen der Beamten gewonnen. Es ist wichtig ihnen zu zeigen, dass man sie und ihre Arbeit akzeptiert und wertschätzt. Ein bisschen Honig fürs Beamtenego und schon kann auch ein Grenzübergang Spaß machen. Lächelnd stelle ich mich zu ein paar Einheimischen und schwatze hemmungslos drauflos, wohl wissend, dass der Eine den Anderen nicht versteht, aber wir vertreiben uns prächtig die Zeit. Schnell noch ein paar leckere Bananen gekauft und schon hat auch der Rest der Gruppe die Grenze passiert und die Fahrt nach Arusha kann fortgesetzt werden.

Die Landschaft hat sich mittlerweile stark verändert und die Strasse ist besser geworden. Saftiges Grün säumt unseren Weg, ein Anzeichen von reichlich Wasser. Ganz plötzlich wissen wir auch warum. Der Kilimandscharo zeigt sich und taucht aus den Wolken auf. Ein atemberaubender Anblick in der afrikanischen Landschaft. Majestätisch zeigt er sein schneebedecktes Haupt, ehe sich erneut ein Mantel aus Wolken und Dunst um ihn legt. Das Dach Afrikas, wenn auch nur für einen kurzen Moment sichtbar, verzaubert uns.

Weiter geht die Fahrt, vorbei am Kilimanjaro Airport. Die Dörfer durch die wir kommen wirken viel sauberer und freundlicher, als die Armut in Kenia. Es ist ein reicher Landstrich. Immer neue Kaffeeplantagen zeigen sich, grüne Oasen des Wohlstandes, immer wieder von Wasserläufen durchzogen und schon ist Arusha erreicht. Unter den vielen neuen Eindrücken verging der Rest der Fahrt wie im Fluge. Arusha hat fast 350.000 Einwohner und ist das Safarizentrum Tansanias. Auch wirtschaftlich spielt die Stadt eine bedeutende Rolle und wer würde sich nicht auch an Hardy Krüger und John Wayne in Hatari erinnern. Bischoffssitz für die katholische und evangelische Kirche ist diese Stadt ebenso, wie auch Tagungsort des internationalen Strafgerichtshofes für den Völkermord in Ruanda.

Der Weg zum Hotel wird von einer riesigen Gärtnerei gesäumt. Fast zwei Kilometer lang ziehen sich exotische Auslagen, man kommt aus dem Staunen gar nicht heraus. Und was für ein Hotel erst. Riesige, überlebensgroße Schnitzereien empfangen uns im Eingangsbereich. Gleich daneben eine gut ausgestattete Bar und davor ein riesiger Pool. Das kalte Bier ist gut dazu angetan, den Staub der Reise herunter zu spülen. Kaum sind die Zimmer bezogen, ist auch meine Neugier schon wieder erwacht, sehe ich doch, dass fast gegenüber vom Hotel ein Fußballspiel stattfindet. Also nichts wie hin, Talente besichtigen. Eine stark befahren Kreuzung gilt es noch zu überwinden und schon bin ich auf dem Platz und der einzige weiße Zuschauer. Wir können auch noch direkt 5 Minuten fachsimpeln, aber da ist das Spiel schon zu Ende und die Sonne untergegangen. Ich spare nicht mit Lob für die Spieler und beobachte noch ein wenig das afrikanische

Leben an dieser befahrenen Kreuzung, Männer die vom Spiel kommen oder leicht angetrunken vom Sonntagsausflug, Frauen mit Einkäufen, überladene Minibusse, Hupen und Hektik. Langsam neigt sich auch mein Tag zum Ende und zurück im Hotel geht es nach einem kräftigen Abendbrot schnell ins Bett. Zu müde, um noch große Pläne zu schmieden.

Das Erwachen am nächsten Morgen ist von strahlender Sonne begleitet. Es heißt auch schon Zusammenpacken, denn heute geht es weiter, tiefer hinein in die afrikanische Wildnis. Der Start in den Tag hält aber auch noch eine ganz besondere Überraschung bereit. Markttag in Arusha. Na dann, nichts wie hin. Ein afrikanischer Markt ist pure Lebensfreude. Lachende, schwatzende, geschäftig handelnde Menschen. Überall werden wir mit lustigen Zurufen und einem Lachen begrüßt und das Auge weiß gar nicht, wohin es sich wenden soll. Sehr viele regionale Produkte finden wir. Insbesondere Mais, Tomaten, Paprika, Chili, Bananen und Orangen. Aber das Hauptprodukt sind Zwiebeln. Zwiebeln so weit das Auge reicht. LKW-Ladungen voller Zwiebeln, Zwiebeln bis die Augen tränen. Also sofortiger Standortwechsel zu der netten Bananenverkäuferin. Schneller als wir denken können haben wir mehr Bananen als wir brauchen, anscheinend auch für mehr Geld als wir hofften und lachend und winkend verabschiedet uns die lustige und geschäftstüchtige Frau. Auch das ist Afrika, das urbane Leben. Kinder in allen Größen und Altersgruppen gehören genau so zum Marktbild. Der lustigste Anblick ist ein knapp Zweijähriger, der es sich in einem alten Ölkarton bequem gemacht hat und herausgrinst. Pure Lebensfreude wohin man schaut, aber die

Fahrt zum Tarangire Nationalpark ist noch weit. Bevor wir den Lake Manyara erreichen, machen wir einen Zwischenstopp in einem Camp am ausgetrockneten Tarangire Fluss. Von unserem Zeltcamp aus haben wir einen herrlichen Blick auf die unermessliche Weite des Flusstales. Nomadisierende Massai haben ihre Herden hier hin getrieben, da vereinzelt Wasser zu finden ist und damit auch eine gute Futtergrundlage. Wie Tupfen stehen die Tiere in der Glut der Savanne. Schatten gibt es nur unter den spärlichen Bäumen. Abends sieht man die Wachfeuer bei den Herden brennen. Es ist schon ein abenteuerliches, aber auch entbehrungsreiches und gefährliches Leben in der Savanne. Müde sind wir und das liegt hoffentlich nicht an der Tsetsefliege die in diesem Gebiet noch sehr häufig vorkommt und die die Schlafkrankheit überträgt.

Heia Safari, heute geht es auf Pirsch. Aufgeregt besteigen wir die Geländefahrzeuge und tauchen ein in die Buschlandschaft. Wir sind noch gar nicht lang unterwegs als wir schon einer kleinen Elefantenherde mit Jungtieren begegnen. Ein klein wenig abseits von uns ziehen sie gemächlich dahin, beachten uns nicht. Nur die alte Leitkuh zeigt uns unmissverständlich, dass sie großen Wert auf Distanz legt. Weiter geht es, vorbei an Giraffen, Warzenschweinen, kämpfenden Impalas und Wasserböcken, bis wir an einem Berghang erneut der Elefantenherde begegnen. Diesmal sind wir viel näher dran und sie akzeptieren uns. Drei kleine Kälber gehören zur Herde und es ist beeindruckend, das Sozialverhalten ein wenig studieren zu dürfen. Sie halten sich ständig in der Nähe ihrer Mütter oder ihrer größeren Geschwister auf, sind aber auch immer zu kleinen Streichen aufgelegt und man hat das

Gefühl, die älteren Tiere würden dazu Lächeln. Man vergisst bei diesen Beobachtungen gern die Zeit. Das nächste Bild. Perlhühner wuseln durch eine Herde von zehn Giraffen, die majestätisch durch die Savanne schreiten. Hier und da bleiben sie stehen, um von einem Baum zu naschen, zufrieden mit sich selbst und dem Nahrungsangebot. Auch hier sind zwei Jungtiere dabei. Da Zebras, da kämpfende Wasserböcke, da kleine Ducker. Man weiß gar nicht, wo zuerst schauen. Strauße und Zebras und wieder Elefanten, eine Pavianmutter verzaubert uns mit ihrem Baby, das sie liebevoll hegt und pflegt und auch immer wieder Elefanten. Wir sind mitten drin im afrikanischen Wildleben, mitten im Busch, eben auf Safari. Ein unbeschreibliches Gefühl und jetzt, wo es wieder da ist, weiß ich erst, wie sehr ich es vermisst hatte. Man beginnt zu verstehen, was Hemingway empfunden hat, als er hier über die grünen Hügel Afrikas schrieb. Ein Zauber, der einen vollkommen umfängt. Es geht wieder über ein kurzes Stück Straße zu einer kleinen Ortschaft. Karibu sana, so empfängt uns ein Verkaufsstand. Rote Bananen werden hier angeboten. Eine absolute Delikatesse, die es nur hier gibt. Schnell haben wir uns gestärkt und lassen den Blick schweifen über das bunte Angebot an einheimischer Kunst. Farbenfrohe Bilder und tolle Holzschnitzereien erzählen über das Leben und den Alltag in Tansania und ein paar kleine Andenken wandern schnell in unseren Besitz. Eimerweise werden auch Süßkartoffen angeboten. Groß und lecker werden sie noch oft ein Bestandteil unserer Malzeiten sein.

Nach einer kurzen Fahrt ist unsere Lodge oberhalb des Lake Manyara erreicht. Ein Blumenmeer empfängt uns hier. Hibiskusse in rot, rosa und orange, Rhododenderen in lila, eine Anlage, auf die der Gärtner stolz sein darf. Während wir im Pool baden und auf den Liegen relaxen darf der Blick abschweifen in das Tal. Manyara kommt aus der Massaisprache und bedeutet Wolfsmilch. Aber das Herz ist schon weiter gereist. Voraus zum Ngorongoro Krater am Rande der Serengeti. Morgen werden wir ihn erreichen. Seit 1951 ist dieser Krater Teil des Nationalparks Serengeti. Über 25.000 Tiere bevölkern ihn und wir finden hier die höchste Raubtierdichte des Afrikanischen Kontinents. Aber nicht nur Löwen und Leoparden haben dort ihren Lebensraum, sondern auch viele Antilopenarten, Spitzmaulnashörner, Flusspferde und Elefanten. Schnell ist am Morgen alles verstaut und die Tour kann beginnen. Kurz nach dem Entrichten des Eintrittsgeldes am Parkeingang bietet sich dem vollkommen überraschten Besucher ein unglaubliches Panorama. Über den bewaldeten Kraterrand blickt man herab auf Akazienwälder und Kurzgrassavannen. Immer wieder unterbrochen von Wasserstellen und über Allem schweben weiche, weiße Schäfchenwolken und darüber stehen wir. Staunend und sprachlos und man blickt über dies Landschaft und möchte weinen ob dieser Weite und Schönheit. Ein Ort, der Magie verströmt und den man nie wieder verlassen möchte. Bilder, die durch den Kopf direkt zum Herz gehen. Alle schweigen und sind allein mit sich. Was soll man dazu auch sagen? Das ist Afrika, ursprünglich, weit und wild. Weiße Wolken ziehen weiter und mahnen auch uns daran, dass Zeit etwas Vergängliches ist und dass es noch mehr zu sehen gibt. Kaum sind wir eingestiegen und losgefahren begegnen wir einer Büffelherde, die sich am frischen Gras labt. Nicht ungefährlich, also lieber schnell weiter. Große Gnu- und Zebraherden bevölkern den Kratergrund. Mittendrin wir und wir scheinen keinen zu stören. Friedlich grasen sie weiter. Die jungen Kälber springen dazwischen wild umher und man weiß gar nicht, wo zuerst schauen. Schaurig schöne Hyänen kreuzen einige Minuten später unseren Weg und scheinen uns hämisch auszulachen. Ein Sekretär hat gerade eine Schlange gefangen und verspeist sie mit sehr viel Genuss. Antilopen und Strauße jagen mit raumgreifenden Schritten und Sprüngen an uns vorbei. Zwei Kronenkraniche stolzieren ruhig durch die Steppe und Eidechsen sonnen sich. Plötzlich, an einer kleinen Wasserstelle ein brauner Fellschatten. Das wird doch nicht; ja doch es sind Löwen. Vorsichtig nähern wir uns. Vier Löwinnen ruhen am Wasser. Spielerisch gehen sie miteinander um. Wir existieren nicht für sie, stellen für sie keine Bedrohung dar. Es macht den Eindruck, als kennen sie diese neugierigen Touristen schon. Sie würdigen uns keines Blickes. Den Zeiten des Spiels folgt nun wieder die Zeit des Schlafes und für uns geht es weiter. Tiefer in den Krater hinein. Lange verweilen wir bei Giraffen und schauen zu, wie sie geschickt die Blätter von einer dornigen Akazie zupfen und voller Genuss verspeisen. Dann kommen wir an eine Wasserstelle voller Flusspferde. Mindestens 50 dieser Tiere sind hier versammelt. Sie sind sehr aktiv und reißen auch ganz schön das Maul auf. Besonders die Bullen. Immer wieder gehen sie mit großem Getöse aufeinander los. Wasser spritzt, es wird gedroht und geschnaubt. Imponiergehabe vom Feinsten und dazwischen friedlich und liebevoll, Mütter mit ihren Babys. Später an Felsgestein sehen wir Klippschliefer und eine Kolonie von Mangusten. Ein Gewimmel und Gewusel vor unseren staunenden Augen.

Die Nacht will nicht vergehen und wir sind ungeduldig, hindert sie uns doch am schauen und staunen. Die Gespräche am Lagerfeuer drehen sich nur um den nächsten Tag. Die Serengeti und die Migration, die große Wanderung der Herden. Werden wir sie finden und mit eigenen Augen sehen dürfen? Serengeti ist auch wieder ein Massaiwort und bedeutet so viel wie endloses Land. Das werden wir nun betreten. Wohl jeder von uns erinnert sich noch an den Film „Serengeti darf nicht sterben" von Michael und Bernhard Grzimek. Er hat unser Bild von diesem Teil Afrikas geprägt und das wird nun auf seine Richtigkeit geprüft. Für mich ein Start mit kleinen Hindernissen und Unannehmlichkeiten, hat doch das Frühstücksei eine verheerende Wirkung hinterlassen. O.k., ich hätte es nicht essen sollen und bisschen komisch hat es ja auch geschmeckt, aber es war ja auch Hunger da. Nun habe ich den Salat oder besser gesagt den Durchfall. Das auch noch im Jeep, in einem Gebiet wo man nicht wirklich aussteigen sollte, denn neben ca. 1,6 Millionen Grasfressern leben hier auch ein paar tausend Löwen und andere Tiere, die hilflosen Menschlein nicht unbedingt wohl gesonnen sind. Drei Kohletabletten und vierzig Tropfen später ist aber alles dicht und es kann unbeschwert weiter gehen. Der Migration entgegen. Wir haben kaum Augen für die interessante Tierwelt die uns umgibt, suchen wir doch die ganz großen Herden, die jährlich zwischen der Serengeti und der Massai Mara umherwandern. Immer auf der Suche nach fruchtbaren Weideplätzen. Zehntausende Gnus, Gazellen, Zebras und Büffel tun das Jahr für Jahr. Irgendwann gegen Mittag wird es schließlich Wahrheit. Ein schwarzer Streifen am Horizont, den wir zunächst für Wald halten. Undefinierbar für uns, aber die Fahrer lächeln wissend und dann erkennen auch wir diese riesige Herde. Gnus Zebras und Gazellen so weit das Auge reicht. Am Rande gefolgt von den Jägern der Steppe die hier ein Frischebuffet angerichtet finden. Wir mitten darin. Nein, nicht auf dem Buffet, aber mitten in der großen Wanderung. Tiere überall. Junge und Alte. Manche gerade geboren, manche fast am Ende ihres Weges angekommen. Alles bewegt sich, schnell und wuselig, dann wieder ein kurzes Innehalten, uns mustern und wieder weiter. Zebras stehen wie Spiegelungen nebeneinander. Man möchte sie fast für eine Fata Morgana halten. Eines ein Abbild des Anderen. Mütter halten ein und lassen ihre Jungen saugen. Geduldig und ruhig stehen sie, bis die Jungen satt sind. Am Rande des Ganzen verspeist ein Löwenrudel gemütlich ein Zebra, Hyänen lungern gierig in ihrer Nähe herum und warten auf die Reste des Mahls. An einer anderen Stelle 30 Geier auf einem toten Gnu. Gierig flattern sie umher und schubsen sich, hackende Schnäbel bilden den grausigen Chor zu diesem Bild und immer wieder schweben Neuankömmlinge ein. Wohin schauen, wo verweilen in diesem Gewimmel. Ständig gibt es Neues zu entdecken und man ist atemlos, rastlos und vergisst die Zeit.

Irgendwann haben wir die Wanderung hinter uns gelassen, sind abgebogen und nehmen unter einem einzelnen Baum Bewegungen wahr. Neugierig nähern wir uns und entdecken im hohen Gras eine Gepardenfamilie. Eine Mutter mit sechs Halbwüchsigen, die die sonnige Ruhe des Nachmittags genießen. Ab und an hebt sich ein Kopf, steht eins der Tiere auf, streckt sich und legt sich wieder nieder. Auch die Mutter hat sich erhoben und am Baum Position bezogen. Was für schöne und anmutige Tiere, die schnellsten Jäger der Savanne. Hier absolut ruhig und entspannt im warmen

Licht des Nachmittags liegend. Einmal mehr fällt die Trennung schwer, aber es gibt ein Tagesziel, was erreicht werden muss und es wird weitere Abenteuer und Erlebnisse am Rand des Weges geben. Man muss sie nicht suchen, denn sie sind einfach da.

Und noch einmal wird es durch den Ngorongoro Krater gehen, dieses Mal über die Olduvai Schlucht. Die Wiege der Menschheit. Hier wurden besonders alte Steinwerkzeuge, die Oldowan, gefunden, welche die Vermutung zulassen, dass der frühe Mensch von hier, aus dem ostafrikanischen Grabenbruch, stammt. Sensationelle Funde von frühmenschlichen Spuren scheinen dies zu bestätigen. Es ist schon ein sehr seltsames Gefühl, am Rande dieser Schlucht zu stehen und auf die Gesteinsformationen zu schauen. Hier greift die Vergangenheit der Menschen direkt in unsere Gegenwart und hat ihre Spuren hinterlassen. Von einigen Massai kaufen wir authentischen Schmuck. Für beide Seiten ein gutes Geschäft und eine schöne Erinnerung. Noch einmal geht es durch den Krater und seine einmalige Tierwelt. Immer wieder bleiben wir staunend stehen, freuen uns über einmalige Begegnungen. Als wir die Schlucht verlassen haben, ist Regen aufgezogen. Der Himmel hat sich in ein grelles Lila verfärbt. Darin schwimmen weiße Wolken, bedrohlich diesmal, dunkle Regenschauer zur Erde sendend. Auch das macht einen Teil Afrikas aus, einen eher Unheimlichen. Von hier geht es zunächst zurück nach Arusha und die Hotelbar ist der ideale Platz, um über das Erlebte zu diskutieren und Pläne für Kenia zu schmieden, denn dort wird die Safari weiter gehen. Die Rückfahrt ist ähnlich anstrengend, wie die Anreise und der Grenzübertritt aufs Neue ein Erlebnis. Diesmal für Einige auch recht schwierig, muss man doch für die Einreise nach Kenia eine Gelbfieberimpfung nachweisen. Ups, da wird doch mancher von uns blass, aber mit viel Freundlichkeit wird alles überspielt und niemand fragt nach. Glück gehabt. Zwei Reifenpannen und einige Kubikmeter Staub später ist Voi erreicht. Erster Anlaufpunkt bildet die italienische Eisdiele und es ist auch tatsächlich Eis vorrätig. Man, wie lecker nach einer solchen Tour und Espresso gibt es auch. Zeit, Pläne für den Abend zu schmieden. Wir haben erfahren dass Voi eine Disco hat und die werden wir heimsuchen. Afrika pur. Von den Türstehern werden wir als Exoten freundlich begrüßt und bekommen sofort einen VIP- Tisch. Wir ordern erst mal einen Liter Wodka und 6 kleine Cola. Das bildet im Laufe des Abends die übliche Dosis für eine Runde. Freundlich werden wir aufgenommen. Da geht die Party richtig ab, heiße Hits und begnadete Tänzer und Tänzerinnen. Wir wirken dazwischen so wie die Tanzbären vom Rummel, aber auch dabei lächelt man uns noch freundlich, aber auch amüsiert, zu. Eine angenehme und entspannte Stimmung hat sich eingestellt. Groß gewachsene Massaikrieger sorgen allein durch ihre Anwesenheit für Frieden in den Räumen. Ungerührt patroullieren sie den ganzen Abend und sorgen allein durch ihre Präsenz für Ruhe. Wir feiern gemeinsam mit den Einheimischen bis weit in die Nacht und unsere Beliebtheit beim Publikum steigt mit unseren sinkenden Geldrücklagen ganz enorm. Irgendwann geht die Party auch ohne uns weiter und ein Taxi bringt uns zu unserer Lodge. Die weiteren Pläne müssen erst mal zurückstehen, denn der Schlaf umfängt uns. Gute Nacht Afrika, wir sehen uns wieder.

11. Moskitos, Mekong, Millionäre
Einmal durch Vietnam

Gearbeitet haben die Jungs und Mädels damals gut in der ehemaligen DDR, heute kennen wir sie eher von Märkten und Restaurants und Ihr Ruf ist lange nicht mehr so gut. Es gab eine Zeit, da kannte ich viele von ihnen und ihre Erzählungen haben mich neugierig auf dieses Land gemacht. Dschungel, Tigerjagden, Krieg, der große Fluss, Ho Chi Min, Monsun und Hitze, all diese Begriffe sammeln sich in meinem Kopf und wecken mal wieder Reiselust. Vietnam entdecken, am Besten mit einem Auto, einem englischsprachigen Guide, Deutsch ist schwer zu verstehen, und einem geschickten Fahrer. Es gibt viel zu sehen und zu erleben. Ich hatte das Glück eine solche Reise machen zu dürfen. Die Anreise sollte über Singapur erfolgen, denn wer die Stadt noch nicht kennt kann die Möglichkeit nutzen, sie bei einem Stop over für sich zu erschließen oder aber zumindest die Wartezeit für eine Stadtrundfahrt einsetzen. Auch der Flughafen ist mit Kino, Schwimmbad, Tageszimmern und Orchideengarten ungewöhnlich attraktiv. Die Zeit wird auf keinen Fall lang. Wir sind unserem Ziel sehr nahe. Nur noch ein kurzer Flug, ein Katzensprung und wir landen in Hanoi.

Lieber Leser, meine kleine Beschreibung kann nur ein paar Anregungen geben für eine Reise durch Vietnam, aber sie hilft Dir sicher, das für Dich Wesentliche zu finden. Nun aber zurück nach Hanoi. Die Stadt empfängt einen freundlich und offen. Kommunismus in Verbindung mit

Marktwirtschaft, Vietnam ist noch ganz am Anfand seiner wirtschaftlichen Entwicklung, aber überall spürt man den Willen zum Erfolg. Hanoi hat sich herausgeputzt und will seine koloniale Vergangenheit auch nicht verleugnen. Als Erstes macht uns die Stadt zu Millionären. Der Umtausch von 300 US Dollar bringt gleich 5 Millionen Dong und zaubert ein Lächeln auf unser Gesicht. So schnell kann es gehen und das ganz ohne anstrengende Arbeit und ohne Korruption. Die Stadt hat sehr viel zu bieten. Ein besonderes Highlight ist das Wasserpuppentheater. In seiner Ursprünglichkeit verzaubert es uns und zieht uns sofort in seinen Bann. Bunt und einzigartig, untermalt mit Livemusik und Gesang, wird das urbane Leben in den Dörfern dargestellt. So lebendig, dass es uns nicht schwer fällt, den Sinn des Ganzen zu verstehen. Geschickt werden die Puppen geführt. Auf mich wirken sie so lebendig und Fans der Pyrotechnik kommen bei Feuer speienden Drachen auch auf ihre Kosten. Am liebsten möchte man gleich sitzen bleiben und noch eine Vorstellung genießen, aber es gibt noch so viel zu entdecken. Allerdings ist der Straßenverkehr immer wieder wie ein Ritt durch die Hölle. Jede Straßenüberquerung wird zum Abenteuer und es bedarf großer Entschlossenheit und einer gewissen Grundschnelligkeit. Es sieht aber gefährlicher aus als es wirklich ist. Die Altstadt mit ihren Märkten zieht uns in ihren Bann. Fische, Blumen, allerlei bunte Dinge, man könnte ewig herumstreifen und immer wieder Neues entdecken. Besonders auffällig ist die ungeheuchelte Freundlichkeit der Menschen. Dabei hätten sie doch allen Grund Fremde zu hassen. Wer hat in den letzten Jahrhunderten nicht alles versucht, dieses Land zu erobern? Chinesen, Mongolen, Franzosen, Amerikaner, um nur einige zu nennen. Keiner konnte diese Nation in die Knie zwingen, alle mussten mit blutigen Nasen abziehen. Aber wir treffen auf gnädige und freundliche Sieger. Kein Hass ist zu spüren, aber ein großer Stolz auf das Erreichte. Von dieser Haltung sollten wir uns Etwas abschauen. Es würde uns gut zu Gesicht stehen. Aber zurück ins bunte Leben. Dazu gehören sicher auch die unzähligen Kneipen, Restaurants und Garküchen. Alle kann man unbedenklich besuchen und auch der ungewöhnlichste Gaumenkitzel darf serviert werden. Die normalen europäischen Spezialitäten lassen mich jedoch kalt. Steak oder Spagetti kann ich noch genug bekommen. Mich machen die exotischen Angebote neugierig. Austern so groß wie der Handteller eines erwachsenen Mannes, frischer Fisch, leckere Kleinigkeiten in Reispapier, aber auch Spatzen, Frösche, Schlangen, Feldmäuse, Schildkröte und Hund finden sich im Angebot. Ungewöhnlich für uns Europäer aber doch ein großer Gaumenkitzel für die Mutigen unter uns und sehr, sehr lecker. Dazu ein gutes vietnamesisches Bier und einen Reisschnaps zum runterspülen, manchmal mit einer Schlange drin. Das alles zu einem Preis der uns lächeln lässt. Sicher klingt es für einige von Euch ungewöhnlich, aber es ist dort normal. Wer das nicht mag der findet auch wundervolle vegetarische Gerichte und frisch gepresste Säfte. Letztere sind ganz besonders zu empfehlen, denn die Früchte erreichen hier einen Reifegrad, den wir von zu Hause nicht kennen.

Auch einen Besuch bei Onkel Ho im Mausoleum sollte man einplanen. Sicherlich ist viel Personenkult dabei, aber auch sehr viel Nationalstolz. Der kleine große Mann Vietnams lässt uns schon ein wenig nachdenklich werden, hat er doch recht uneigennützig den Grundstein zum Erfolg seines

Landes gelegt. Sein Charakter zeigt sich auch in seinem Haus das wir besichtigen. Einfach und funktionell, zum Arbeiten und nicht zum Repräsentieren. Schade, dass unseren Politikern heute eine solche Einstellung fremd geworden ist. Der Stolz auf das Erreichte zeigt sich auch in verschiedenen anderen Museen, besonders im Armeemuseum. Aber das sei den Vietnamesen gegönnt. Ein Einkaufsparadies ist Hanoi natürlich auch und Elektronik kann hier deutlich billiger sein wie in Singapur. Zugreifen lohnt sich also und als Schneider sind die Vietnamesen wirkliche Künstler. Ja, Stichwort Kunst, auch diese kommt hier nicht zu kurz. Immer mehr Galerien entstehen und laden mit wirklich guten Arbeiten zum Schauen und Kaufen ein. Aber auch die Umgebung bietet einen der großen Höhepunkte dieser Reise, die Ha Long Bucht. Nach einer dreistündigen Fahrt ist dieses Naturwunder erreicht. Die Anfahrt tut dem Auge gut. Immer wieder fällt der Blick auf Reisfelder in unterschiedlichen Grüntönen aus denen spitze Strohhüte und bunte Tücher als Farbkleckse ragen und zum Fotografieren einladen. Viel Fleiß und auch eine für Asien ungewöhnliche Sauberkeit kennzeichnen den Norden Vietnams aber das wird sich weiter südlich ein wenig ändern. Auf der Weiterfahrt überholen wir den ungewöhnlichsten Transport, den ich je gesehen habe. Auf dem Gepäckträger eines einfachen Mopeds liegen 3 lebende, ausgewachsene Schweine auf dem Rücken und lassen sich chauffieren. Man muss schon mehrfach hinschauen um es zu glauben, aber das Beweisfoto gelingt. Tiertransporte auf Vietnamesisch.

Langsam verändert sich die Landschaft. Wasser tut sich auf und darin bizarre Felsgebilde. Wir haben die Ha Long Bucht erreicht. Ein geheimnisvoller, nicht zu dichter Nebel liegt über allem und dämpft die Töne und das Licht. Wir begeben uns an Bord eines Schiffes, wir allein als Passagiere, um diese Welt zu erkunden. Ein sehr sinnliches Erlebnis. Immer aufs Neue überraschen uns geheimnisvoll geformte Felsen. Tauchen stumm aus dem Nebel auf und versinken wieder darin, aber sie geben der Fantasie Nahrung. Tiere sehen wir und Menschen, Götter und Pflanzen und dazu ein ständiges Spiel von Licht und Schatten, das Einen an der eigenen Wahrnehmung zweifeln lässt. Immer bizarrer werden die Felsformationen je weiter wir in die geheimnisvolle Stille eintauchen. Über 2000 Inseln ragen aus der Bucht und es gibt darauf 10 begehbare Höhlensysteme. Eindrucksvoll ist es, in diese unterirdische Welt abzutauchen und durch das Labyrinth der Gänge zu streifen und doch atmet man auf, wenn das Auge wieder den weiten Himmel sieht. Weiter geht die Fahrt. Vorbei an schwimmenden Dörfern dazwischen steile Berge und nur das gleichmäßige Tuckern des Schiffsdiesels begleitet uns und das freundliche Lächeln der Fischer. Raum und Zeit sind längst vergessen bei diesen Bildern wie aus dem Märchen. Während wir träumten und schauten und staunten hat eine gute Fee für uns ein „Tischlein deck dich" gezaubert, beladen mit Riesengambas, Fisch, Hummerkrabben, Frühlingsrollen, Reis und Obst. Ein Festmahl zu dem wir nur zu gern einen guten roten Wein genießen. Wir merken kaum, dass die Temperatur weiter gefallen ist. Nur noch 13 Grad und leichter Nieselregen, aber diese zauberhaften Eindrücke lassen sich nicht abwaschen, sie sind tief im Herzen eingebrannt.

Zurück in Hanoi werden schnell noch ein paar Tempel besichtigt und warme Sachen gekauft denn die nächste Station liegt im vietnamesischen Hochland. Lao Chai heißt sie, liegt an der Grenze zu China und bildet den Ausgangspunkt unserer Reise in die Bergwelt von Sapa. Nachtfahrt im Zug, das ist immer ein ganz besonderes Erlebnis. Liegewagen erster Klasse gemeinsam mit 2 vietnamesischen Frauen. Umsichtig kaufe ich auf dem Bahnhof noch ein paar Bier, Kekse und Wodka für die Nacht. Nach dem alles geteilt, gegessen und ausgetrunken ist fallen wir in einen unruhigen Schlaf, der vor Rhythmus der rollenden Räder und von den Schienenstößen bestimmt wird. Aber es gibt immer wieder einen neuen Morgen. Als Dieser anbricht haben wir unser Zwischenziel erreicht. In einem Hotel erwartet uns schon ein kräftiges Frühstück und anschließend eine Bootsfahrt auf dem Chay Fluss. Beim Stopp in zwei ursprünglichen Dörfern werden wir sehr freundlich aufgenommen. Wir bedanken uns mit kleinen Geschenken. Schließlich geht es im Jeep weiter nach Sapa. Nebel und Kälte hüllen uns in 1600 m Höhe ein als wir unser Ziel erreichen. Ein wenig enttäuscht sind wir schon, denn irgendwie ähneln sich diese Treckingstädte überall auf der Welt. Das mag auch an den vielen ungewaschenen und mürrischen Europäern liegen, die sich an Ekelhaftigkeit gegenseitig überbieten. Die einheimische Bevölkerung verkommt dabei zu aufdringlichen Händlern. Ja, so bringen wir überall hin und ganz stolz unsere überlegene Kultur. Wenn sich der Nebel für wenige Augenblicke lichtet entschädigt aber der Anblick von Bergen und Reisterassen. Eine Stadt, um sich treiben zu lassen, wenn man die innere Ruhe dafür aufbringen kann. Wir können es und somit genießen wir auch hier viele kleine Glücksmomente.

Besonders schön ist es abends in den kleinen Restaurants. An glimmenden Holzkohlebecken die an den Tisch gestellt werden wärmen wir uns und genießen vietnamesisches Essen. Die Besuche in den Dörfern Ta Van und Cat Cat, wo die nationalen Minderheiten leben, haben leider einen Anstrich von Zoo und wir bringen sie schnell hinter uns. Süßkartoffeln vom Holzkohlegrill heben jedoch schnell wieder unsere Stimmung. Auch das Wetter hat sich nun gebessert und die Sonne den Nebel vertrieben. Was für eine wundervolle Landschaft, was für schöne Berge. Auf der Rückfahrt zum Bahnhof steht noch ein Dorf der Red Dhao auf dem Programm. Es hat etwas von einer Einkaufsveranstaltung und so fällt uns der Abschied von dieser Gegend nicht schwer. Schade, die Menschen welche hier Leben können nichts dafür, aber ihre Ursprünglichkeit und Unschuld haben sie für immer verloren. Zugerfahren wie wir nunmehr sind ist die Rückreise nach Hanoi angenehm. Das stetige Rollen, Bremsen und Beschleunigen unterbricht den tiefen Schlaf nicht und nach acht Stunden weckt uns das Klopfen des Schaffners. Zurück in Hanoi, steht die letzte Etappe im Norden auf dem Plan, die trockene Ha Long Bucht. Auf der Fahrt eine Wunderwelt aus Nebel und Nieselregen, dazwischen kleine, beschauliche Dörfer, Tempel und Pagoden. Ein Gespinst aus Traum, gewebt aus Dunst, so zieht die Landschaft an uns vorbei. Ein Tempel ist in einen Berg gebaut. Auf drei Ebenen haben die Gläubigen die Möglichkeit zu beten und sie tun es ausgiebig. Bei schönem Wetter werden sie dabei auch von einem traumhaften Blick verwöhnt. Überall sehen wir auf der Weiterfahrt wieder bizarre Felsformationen, diesmal nicht im Wasser sondern in der Ebene, aber nicht weniger bezaubernd.

Noch einmal die Fahrt durch das hektische Hanoi zum Flughafen. Heute geht es weiter nach Hue, mitten in das Herz Vietnams, das uns mit Sonnenschein und 29 Grad Celsius erwartet. Ein alter Kriegsveteran nimmt uns warmherzig in Empfang und wird unser Führer für die nächsten Tage sein. Die alte Kaiserstadt am Parfumfluss hat ihre Tore weit für uns geöffnet. Eine stille und ausgesprochen schöne Palastanlage verzaubert sofort in der Nachmittagssonne und es gelingt uns, alle Hektik abzustreifen. Die Ruhe macht sich auch in unserem Körper und in unserem Geist breit. Was für eine Erholung nach dem hektischen Hanoi. Asiatische Gelassenheit umfängt uns und wir atmen tief den Geist einer längst vergangenen Zeit, der sich hier in Stein und Gartenkunst dokumentiert. Ein gelungener Auftakt dieser Reiseetappe. Ein ganz charmanter Bungalowkomplex am Rande der Stadt inmitten einer ruhigen Grünanlage wird unser Heim für die nächsten Tage sein und nach einem kurzen Bad im Pool sind wir bereit für den Dinerausflug. Der Guide hat auch schon die perfekte Empfehlung parat und wir begeben uns in das abendliche Hue. Die kleinen Geschäfte in Restaurantnähe laden zunächst zu einem entspannten Bummel und dem einen oder anderem Einkauf ein, ehe wir an einem romantischen Tisch im Freien Platz nehmen, den Vögeln lauschen, ein tolles Essen genießen und auch noch mit Gesang am Tisch verwöhnt werden. Ein perfekter Abend, der langsam in die Nacht übergeht. Im Hotel begrüßt uns eine riesige Schüssel voller orangefarbener, duftender Blüten und ein schöner Cocktail beendet diesen Tag. Vogelgezwitscher beim Erwachen und ein ausgiebiges Frühstück steht schon bereit und stärken uns für neue Unternehmungen. Paläste wie im

Märchen lösen sich ab mit Pagoden und wundervoll gepflegten Tempelanlagen. Überall findet das Auge Nahrung und Ruhe. Schließlich besteigen wir auf dem Parfumfluss ein Drachenboot und erreichen die Zitadelle, das eigentliche Wahrzeichen Hues, fand hier doch 1968 eine der ganz großen Schlachten des Vietnamkrieges statt. Lebhaft schildert unser Guide die Ereignisse von damals. Er kämpfte hier als junger Mann auf Seiten der Vietkong gegen die Amerikaner und wurde dabei am dritten Tag der Schlacht schwer an der Hüfte verwundet. Noch heute fällt ihm Laufen und besonders das Treppensteigen schwer. Aber es ist kein Zorn oder Hass auf seine damaligen Gegner in ihm, nein wirklich nicht. Als er einmal eine Gruppe amerikanischer Touristen hier führte stellte sich heraus, dass einer seiner Gäste in der gleichen Schlacht auf Seiten der GI´s als sein Gegner gekämpft hatte. Eine ungewöhnliche Begegnung und doch für Beide ein sehr besonderes Erlebnis. Überall sind Einschusslöcher und Narben zu sehen, Mahnmale des Krieges. Was für eine seltsame Welt.

Nachdenklich sitzen wir am Abend in einer typisch vietnamesischen Kneipe. Kein Europäer verirrt sich hier her, aber für die nachdenkliche Stimmung gerade das Richtige. Freundlich werden wir bedient und auch hier wieder die Erfahrung wie überall auf der Welt bisher; wenn man die Sprache des anderen nicht spricht lässt man das Herz reden und wird verstanden. Mit Einem haben wir allerdings nicht gerechnet, die Angriffe der Moskitos. Der Tag geht und sie kommen in Scharen, fallen blutdurstig her über uns und selbst die paar Minuten die Tina braucht um das Spray zu holen machen mich zum Opfer. Tapfer lächelnd halte ich aus und trinke einen Schlangenschnaps nach dem anderen, was mir die bewundernden Blicke der Einheimischen, aber auch einen schweren Kopf am nächsten Morgen einbringt. Als wir in unser Zimmer zurückkehren liegt eine kleine kopierte Geschichte auf unserem Bett, die Geschichte der Moskitos. Ich habe mir auf meinen Reisen längst abgewöhnt an Zufälle zu glauben. Lächelnd schlafen wir ein. Als es am nächsten Tag weiter geht glaubt man sich beim Lesen der Ortsnamen in die Berichterstattung des Vietnamkrieges Ende der Sechziger zurückversetzt. Kopfschüttelnd realisiert man heute die Grausamkeit von damals. Über traumhafte Serpentinenstraßen geht es die Küste entlang über Da Nang nach Hoi An. Man glaubt sich über weite Strecken an die Küste von Südfrankreich versetzt. Leider entstehen hier auch schon riesige Hotelkomplexe, sicherlich sehr exklusiv in Ausstattung und Preis, aber sie nehmen der Landschaft ihre Ursprünglichkeit und Schönheit. Sie verletzten das Land nach dem Bombenterror ein zweites Mal, diesmal aber von beiden Seiten gewollt. Schade, aber Vietnam ist nun mal auf dem Sprung, einer der asiatischen Tiger. Weiter, weiter geht es durch die Landesmitte. My Son heißt unser heutiges Ziel. Auf dem Weg dahin entdecken wir am Straßenrand große Gestelle auf denen Reispapier und Reiskuchen trocknen. Neugierig fragen wir unseren Guide und er hält gern an und fragt bei einer Familie, ob wir sie bei ihren Arbeiten beobachten dürfen. Freundlich werden wir aufgefordert näher zu treten und alles anzusehen. Eine kleine private Landwirtschaft erwartet uns, eine bäuerliche Idylle mit Katzen, kleinen Hunden, Tauben, Kaninchen und Schweinen. Schweine, die einen wirklich glücklichen Eindruck machen und zu lachen scheinen. Tina wird sofort in die Herstellung von Reispapier einbezogen und von der Hausfrau eingehend unterwiesen. Nur ungern verabschieden wir uns von diesen freundlichen Menschen und lassen gerne Geschenke zurück, denn trotz ihrer schweren Arbeit haben sie Zeit gefunden und uns auch gezeigt warum Erdnüsse Erdnüsse heißen. Natürlich weil sie in der Erde wachsen. Ein wenig klüger machen wir uns wieder auf den Weg. Tempel ziehen vorbei und grüßen uns mit alten Gesängen. Ruinen in der Morgenstille lassen die alte Zeiten erleben, aber immer gegenwärtig sind die Narben, welche die Bomben hinterlassen haben. Narben, die man in der Natur sieht, aber ebenso bei den Menschen spürt. Spontan werden wir von ganz einfachen Leuten eingeladen, uns zu ihnen zu setzen und etwas mit ihnen zu essen und zu trinken. Wir tun das gern und ihnen ist die Freude darüber anzusehen. Sie sind stolz auf ihre Gäste und wir nicht weniger stolz über die Einladung. Die Zeit vergeht wie im Flug und auch hier heißt es wieder Abschied nehmen denn der Süden ruft. Auf nach Saigon.

Eine typisch asiatische Großstadt, aufdringlich, lärmend und wuselig. Nichts wirklich für uns, aber es soll auch nur ein kurzer Zwischenstopp sein, auf dem Weg ins Mekongdelta. Schmutzig ist diese Stadt, laut und gierig. Irgendwie hat sie etwas typisch amerikanisches, sie verdirbt den Charakter. Der Unterschied zwischen Arm und Reich wird hier im Süden sehr deutlich und der Fleiß ist von den Menschen abgefallen. Also schnell weiter. Heute wollen wir die weit verzweigten Tunnelanlagen aus dem Krieg besichtigen. Immer wieder komme ich auf das Thema Krieg, aber er ist hier auch noch all gegenwärtig. Wir erwarten nicht all zu viel, aber es ist schon ein Gänsehautgefühl, dass mit eigenen Augen zu sehen. Grausamkeiten in unvorstellbarem Ausmaß, von beiden Seiten verübt. Ein Leben im

Dschungel, unter der Erde, in ständiger Gefahr. Hitze, Regen, Moskitos, Bomben, Geschütze, Flugzeuge, teuflische Fallen, alles nur gemacht Menschen zu vernichten. Ich will das Gefühl näher kennen lernen und steige in einen solchen Tunnel, nur um mich darin ein paar wenige Meter fortzubewegen. Ein absolut beklemmendes Gefühl, sicher auch für Menschen die kleiner und schlanker sind als ich. Es ist wie lebendig begraben sein. Ein Stück weiter auf einer Schießanlage dröhnt ein M 16 durch den Tag. Freizeitkrieger sind am Werk. Jeder Schuss bringt einen Dollar.

Saigon verlassen zu dürfen ist wunderschön. Nach einer Stunde verschwindet die Stadt hinter uns und langsam tauchen wir ein in das Mekong Delta. Einige der schönsten Tempel Vietnams liegen an unserem Weg. Die Reise ist jetzt wieder so, wie ich es mag. Zwischenzeitlich wechseln wir auf ein Boot und erreichen nach einer kurzen Fahrt eine Insel im Mekong, von Wasserläufen durchzogen, die zwar schlammig sind, aber doch einzigartige Natureindrücke vermitteln. Wir begegnen Frauen die im schlammigen Gewässer nach Muscheln suchen. Dann ein wunderschönes kleines Dorf, wir bekommen frische Früchte und Trockenobst gereicht, Spezialitäten verfeinert mit Honig und Lotos. Man singt und musiziert für uns. Wir vergessen die Zeit, lassen uns treiben und genießen diesen Tag. Auch schwimmende Märkte auf dem Mekong besuchen wir auf unserer Reise. Was für ein Gewimmel und was für ein breites Angebot. An langen Bambusstangen hat jeder das aufgehängt, was auf seinem Boot verkauft wird, eifrige Kundschaft ist rastlos unterwegs und es wird reger Handel getrieben. Das ständige Hupen in den Straßen der Städte wird hier durch das monotone tuckern der Dieselmotore ersetzt. Eine bunte, faszinierende Welt auf dem Wasser. Mancher der hier lebt hat niemals das Festland betreten. Eine seltsame Vorstellung. Aber weiter geht es mit der Reise. Über die absolut ursprüngliche Form der Fortbewegung hier in Vietnam habe ich noch gar nicht gesprochen. Das Moped, Traum und angestrebter Besitz eines jeden Vietnamesen. Ausgelastet mit bis zu vier Personen oder mehr, wenn die Kinder noch klein genug sind. Transportmittel, Fahrzeug, Schlafplatz, einfach lebensnotwendig in Vietnam. Also vertrauen auch wir uns einem solchen Vehikel an, um einen kurzen Abstecher von der Straße aus zu machen. Viel erwarten wir nicht, vielleicht ein kleines gemütliches Restaurant für ein frühes Mittagessen, oder was auch immer. Nach zwei Kilometern biegen wir in den Busch ab und erreichen nach kurzer Fahrt eine Aussichtsplattform, die wir besteigen. Was soll das fragen wir uns. Besichtigung von Laub und Bäumen? Auf einmal ist es so, als ob sich ein Vorhang vor unseren Augen öffnet. Wir haben den Wald vor lauter Bäumen nicht gesehen. Eine gewaltige Kolonie von weißen Reihern liegt vor uns. Das habe ich im Leben noch nie gesehen. Weiße Reiher, Jungtiere mit brauner Federkrone, und ein Stück weiter weg auch schwarze Tiere. Man glaubt seinen Augen nicht trauen zu dürfen. Ein Wunder der Natur tut sich unweit befahrener Straßen vor uns auf und macht uns sprachlos. Dörfer und Städte ziehen auf der Weiterfahrt an uns vorbei und die Sonne brennt erbarmungslos vom blauen Himmel. Noch einmal besteigen wir ein Boot um zu sehen, wie die Menschen am und auf dem Fluss leben und wir besichtigen ein islamisches Dorf. Es ist ein hartes und entbehrungsreiches Leben, was die Menschen hier im Delta führen. Ein Gewitter zieht auf und wir nähern uns dem Meer. Warmer Regen ist heute unser ständiger Begleiter. Die Küstenstraße geht es entlang, vorbei an Tempeln, Pagoden, fruchtbaren Feldern mit Obst und Gemüse und fleißigen Menschen. Unserem Guide ist nicht ganz wohl in dieser Region. Wir bewegen uns in der Nähe der kambodianischen Grenze und viele Menschen hier leben vom Schmuggel. Es sind keine reichen Leute. Weder Fahrer noch Guide kennen sich hier wirklich aus. Das spüren wir und es ist immer lustig, die gegenseitigen Schuldzuweisungen zu beobachten, wenn wir uns wieder mal verfahren haben. Unser Ziel erreichen wir schließlich doch und der Abend klingt bei Regen unter einem Palmendach, in der Hängematte, mit kaltem Bier in der Hand, aus. Während sich der Blick über dem dunstigen Meer verliert, lauschen wir den Geschichten, die der Regen erzählt.

Morgens heißt es früh aufstehen, denn der Weg zur Fähre die uns auf die Insel Pu Coc bringen soll ist noch weit. Fast 3 Stunden dauert die Fahrt über stürmische See, begleitet von chinesischen Kung Fu Filmen. Die Insel ist ein tropisches Paradies voller Ruhe und üppiger Pracht. An einem breiten weißen Sandstrand genießen wir reife tropische Früchte im grellen Sonnenlicht, baden im warmen Meer und lassen unsere Seelen streicheln Mit geschlossenen Augen tanzen wir träumend durch den Tag und lassen uns treiben. Tropische Regengüsse reinigen am Abend die Luft und trommeln nachts auf das Dach aus Palmenblättern. Wir schließen die Koffer und ein kleiner Bach aus Regen fließt durch unsere Unterkunft. Morgens lächeln wir mit der Sonne um die Wette in den neuen Tag. Leider muss aber auch die schönste Reise enden und der Abschied von diesem wundervollen Land fällt sehr schwer. Das Erlebte wird lange nachklingen, wie die hellen Stimmen, die noch immer in unserem Gedächtnis von dem Leben in Vietnam erzählen.

12. Die Reise, die nie stattfand
Gedanken an Tibet

Wieder einmal ist die Zeit der großen Pläne gekommen. Riesenpläne reifen immer langsam, sie wägen Umstände, Wichtigkeiten, Neugier, Träume und Wissensdrang gegeneinander ab und die finanziellen Möglichkeiten dagegen auf. Diesmal ist die Entscheidung ziemlich leicht gefallen Ladakh und Zanskar, die alten Königreiche im Himalaya sollen es sein. Außerdem ist es Indien, die Kashmir- Region und wir haben uns vorgenommen, Indien nach Möglichkeit aller 5 Jahre zu bereisen. Die Tigersafaris liegen 5 Jahre zurück und die Begegnung mit Indien, Nepal und Tibet 10 Jahre. Das war ein faszinierendes Aufeinandertreffen mit Land und Leuten, mit Religionen, Göttern und den höchsten Bergen dieser Welt. Alles ziemlich unvorbereitet damals, aber das soll nun alles ganz anders werden. Bessere Vorbereitung, besonders auf Tibet, seine Staatsformen, den chinesischen Einfluss, die Religion und die abgelegenen Regionen sind uns wichtig. Diese Gegend wird Kleintibet genannt und hat noch sehr viele Traditionen des Ursprünglichen bewahrt. Besser verstehen, tiefer nachdenken, mehr wissen; genau das haben wir uns als Reisevorbereitung vorgenommen. Dazu gilt es zunächst einmal die notwendige Literatur zu finden, was für diese weit abgelegenen Gegenden auch heute noch nicht einfach ist. Ja und die Fragen, wer kennt sich in dieser Region aus, wer kann die Organisation und die Ablaufplanung übernehmen? Schnell fällt mir eine alte Freundin ein, die schon die Tigersafaris für uns organisiert hat, Iris Lehmann, die eine der Spezialisten für den Himalaya ist. Der Anruf ist schnell getätigt und die Arbeit weitergegeben. Wir können in Träumen schwelgen, während andere an deren Erfüllung arbeiten. Es ist viel Respekt da, sind wir doch keine trainierten Bergsteiger sondern neugierige Normaltouristen. Es ist eine arme und karge Region, die touristisch kaum erschlossen ist. Die größte Herausforderung wird die Höhe sein, haben wir doch vor, einige der höchsten Pässe dieser Welt zu fahren und aufzusteigen in Regionen von über 6000 Meter. Wie wird das Wetter sein? Wie die Anreise von Dehli aus? Was ist an Ausrüstung erforderlich? Welche Zeitfenster sind notwendig? Immer wieder Lesen, Fragen, Rücksprachen. Dann liegen die ersten Routenvorschläge vor uns. Sie ähneln sich in den Orten aber unterscheiden sich sehr in der Form des Reisens. Einmal stehen Träger, Führer, Koch und Maultiere für uns bereit und es heißt zu Fuß durch den Himalaya. Die zweite Variante ist bequemer, Reisen im Jeep. Das Nachdenken und beratschlagen setzt ein, aber letztendlich gewinnt die Vernunft gegen den Ehrgeiz. Wir sind viel zu wenig trainiert und sollten damit auch die Anstrengungen in Grenzen halten. Natürlich wäre es spannend, diese ursprüngliche Form des Reisens zu erleben, aber gleichzeitig birgt sie auch ein hohes Risiko für uns in sich. Die Jeeptour gewinnt nach langem Nachdenken und großen Diskussionen. Als diese Entscheidung gefallen ist nehmen die Vorbereitungen immer konkretere Formen an. Flüge und Unterkünfte sind gebucht, jetzt ist die Zeit des intensiven Literaturstudiums. Vor dem geistigen Auge tauchen Erinnerungen an die ersten Begegnungen mit dem Himalaya auf.

Damals in Nepal, Flughafen Kathmandu, das Foto der Anapurnakette. Welch Schönheit bei klarer Sonne und optimaler Sicht. Als wir selbst dann davor standen war kein Berg zu sehen in Pokahra. Alles eingehüllt in Dunst und Nebel. Die Götter waren nicht mit uns, sie wollten uns Ihre Gesichter nicht zeigen, noch nicht, aber manches im Leben braucht Geduld. Ganz anders der Flug nach Tibet, von Kathmandu nach Lahsa, die schönste Flugstrecke, die ich je erleben durfte. In rund 11.000 Meter Höhe quer über den Himalaya, Anapurna I und II, der Laotse und als Krönung der Everest. All dies mächtigen Berge zum greifen nah und bei bester Sicht. Das Herz möchte schreien ob dieser Schönheit und die Augen füllen sich mit Tränen beim Anblick des Daches der Welt. Reden mag man nicht, auch nicht später, denn was sollen Worte auch an dieser Stelle beschreiben? Sie sind zu klein und zu gewöhnlich dafür. Es ist als würde man die Gipfel stumm mit dem Herzen berühren und sich verneigen vor so viel Größe. Endlich angekommen in Lhasa, geheimnisvolles Ziel der Träume, verborgen hinter unendlich hohen Bergen, Stadt des Dahlai Lama und Zentrum des tibetischen Buddismus. Ja und wirklich nimmt es einem zunächst einmal den Atem, aber das liegt weniger an der Ausstrahlung der Stadt, sondern mehr an der Höhe. Der schnelle Weg auf über 3000 Meter, die Anreise im Flugzeug macht taumelig in Kopf. Die Luft ist sehr dünn und jede, noch so kleine, Anstrengung fällt schwer. Neben den Hotelbetten sind Sauerstoffanlagen integriert und man kann auch zum Laufen Sauerstoffkissen ausleihen. Ein sehr ungewöhnlicher Anblick, ein Angebot, dass aber von einigen amerikanischen und japanischen Touristen genutzt wird. Wir akklimatisieren uns lieber auf natürliche Art und Weise und wagen uns in die Stadt.

Enttäuschung mischt sich mit Erschrecken, denn das Leben ist fest in chinesischer, oder besser gesagt kommunistischer Hand. Beängstigende Stille liegt über den Einheimischen, während von chinesischen Schulhöfen stramme, kommunistische Musik schallt und Fahnenappelle abgehalten werden. Es ist als ob die angeblich „friedliche Befreiung" der späten 50er und frühen 60er Jahre durch China noch voll im Gange wäre. Ernüchternd ist auch die ständige Präsenz von Armee und Polizei. Treffen auch nur drei Tibeter zu einem Gespräch zusammen werden sie schon von Sicherheitsbeamten brutal auseinandergetrieben. Pilger werden argwöhnisch beobachtet und auch Touristen misstrauisch gemustert. Wer kein Chinesisch spricht erhält keine Arbeit, Chinesen aus allen möglichen Landesteilen werden hier angesiedelt, Handlanger eines kommunistischen Machtapparates oder Bestrafte ohne Hoffnung, die mit den klimatischen Bedingungen und ihren Lebensumständen hadern. Welche Angst doch Tyrannen vor der Freiheit entwickeln können. Bei Nachdenken darüber fällt mir ein Wort von Erich Fried ein, der einmal meinte: „Wer behauptet hier herrsche Freiheit der lügt. Freiheit herrscht nicht!"

Man möchte das Gesicht abwenden vor dem, was dem tibetischen Volk angetan wird, aber das würde ihnen nicht helfen. Besser ist es hinzusehen und zu handeln, aber gerade dieses Handeln fällt schwer. Hier ein kleines Beispiel. Eine große Kasernenanlage mitten in der Stadt mit einem riesigen Tor und Wachposten davor. Ich verlasse den markierten Gehweg um einen Schritt. Sofort beginnt ein junger Mann von vielleicht 19 oder 20 Jahren mich chinesisch anzuschreien, reißt seine Kalaschnikow von der Schulter, entsichert sie und legt auf mich an. Angst flackert in seinen Augen, aber auch die absolute Bereitschaft zu töten. Arme, verlorene Kinder eines totalitären Staates, die unter einem solchen Regime leben müssen. Dann lernen wir die ursprüngliche Bevölkerung näher kennen und das Herz geht einem auf, ob dieser Freundlichkeit und der inneren Ruhe, die einem hierbei begegnet. Immer wieder bekommen wir ein Lachen geschenkt und nette Worte. Toll sehen sie aus in ihren traditionellen Gewändern, dick gepolstert gegen Kälte und Wärme, dazu beeindruckender Kopfschmuck, mit Korallen und Türkisen verziert, silberne Gürtel, die Schmuck und Funktionalität zu gleich sind, behängt mit wichtigen Alltagsgegenständen, deren Funktion uns zunächst fremd bleibt. Wie wichtig muss einer Frau ihre Nähnadel sein, wenn, sie in einem silbernen Behältnis, verziert mit edlen Steinen am Gürtel hängt. Auch tolle Damenmesser tragen die Ladys. Blauschwarzes, glänzendes langes Haar umspielt die Köpfe der Männer und Frauen voller Stolz, Lachend und tuschelnd tauschen sie sich ob unserer sichtbaren Dummheit aus. Sie lachen und scherzen mit uns gemeinsam und wieder gelingt uns die Kommunikation ohne Sprache. Als wir dann auch noch ein paar kleine Bilder des Dahlai Lama verteilen sind alle Dämme gebrochen und eine Welle von Sympathie und Vertrauen schlägt uns entgegen. Was für uns nur eine kleine Geste und ein geringes Risiko beim Grenzübertritt ist, ist für die Menschen hier ein wertvolles Geschenk, das sie ein Leben lang aufbewahren. Ein Zeichen der Hoffnung in einer dunklen Zeit. Schleichender Völkermord, der sich ungestraft vor den Augen der Welt abspielt geduldet von den angeblich Mächtigen dieser Welt, die doch gar kein Interesse an freien Völkern haben.

Über allem jedoch strahlt als Zeichen des ungebrochenen Widerstandes weiß der Potalapalast, der Regierungssitz des Dahlai Lama und die Begräbnisstätte seiner Vorgänger. Auch wenn sich der Führer der Tibeter im indischen Exil befindet spürt man doch den Geist und Einfluss des religiösen Führers dieses Landes. Er ist ungebrochen und auch die Pilgerströme in diese Stadt und die umliegenden Klöster sind nicht zu stoppen. Gut, dieses stolze Volk auch so erleben zu dürfen. Beim Betreten des Palastes erfüllt uns langsam eine absolute Ruhe. Der Geruch nach Weihrauch und Yakbutter empfängt und begleitet uns auf unserem Weg. Schätze die das Auge zwar sieht, der Verstand aber nicht begreift tun sich vor uns auf. Gold und Edelsteine in Formen und Größen, die man nicht begreifen will, nicht begreifen kann, wenn man unvorbereitet wie wir, dieses Gebäude betritt. Erst Jahre später werde ich „Das dritte Auge" von Lobsang Rampa, einen Tibetroman, lesen und beginnen, etwas von dieser Kultur zu verstehen. Zu spät allerdings, um es noch einmal vor Ort erleben zu dürfen, denn das ist Bestandteil, der Reise, die nie stattfand. Langsam und andächtig gehen wir durch die Räume, immer darauf bedacht nicht auszugleiten auf den Butterspuren, die Pilger in Jahrzehnten und Jahrhunderten hier hinterlassen haben. Fackelgeschwärzte Gänge wechseln mit prächtigen Räumen, die Geschichte atmen, Gebetsräume, Schulklassen, Bibliotheken, Andachtsräume, Grabmale, alles zieht an uns vorbei. Zeit spielt keine Rolle mehr und man beginnt zu spüren, was Generationen hier erfahren durften. Man möchte nicht gehen sondern möchte alles einsaugen, was einem hier begegnet. Irgendwo tief in uns beginnt Wissen zu keimen und Neugier und es macht sich Scham breit ob unserer Ignoranz und Unwissenheit, aber zum Lernen ist es nie zu spät. Vor den Fenstern liegt Lahsa zu unseren Füssen, denn kein Haus darf den Potala überragen. Unendliche Dankbarkeit umfängt mich, dass ich diesen ganz besonderen Platz erleben durfte.

Noch viele Stationen warten hier auf uns, besondere Kloster, die sich den Wissenschaften und der Medizin verschrieben haben und noch heute eine wichtige Funktion im sozialen und religiösen System der Tibeter ausüben. Pilger aus allen Teilen des Landes erreichen arm, erschöpft und voller Demut diese Stätten. Ganze Familien mit Kleinkindern sind tagelang klaglos unterwegs, von Entbehrungen gezeichnet, aber in den Augen Hoffnung und ungebrochener Stolz. Um diese Menschen muss uns nicht Angst sein, sie werden die Zwangsherrschaft des chinesischen Systems abstreifen und dann wird es die wirkliche friedliche Befreiung des Landes sein. Wir sehen die Klöster Sera und Drepung. Ein merkwürdiges Schweigen liegt über ihnen. Es fehlt an Mönchen, aber keiner erklärt uns warum. Was mag China alles diesem einstmals freien Land, seiner Kultur, seiner Religion und seinen Menschen angetan haben. Tränen rinnen im Angesicht des Wohnsitzes der Götter und kalter Bergwind trocknet sie. Angst gebiert Schweigen und dieses Schweigen begleitet uns auf unserer Reise. Ganz tief religiöse Plätze dürfen wir erleben. Zerhackungsplätze, die traditionelle Form der Bestattungen hier im Hochland. Holz ist zu kostbar, als dass man die Toten verbrennen könnte und auch die Flüsse für die große Reise fehlen. So wird der Körper des Verstorbenen an diesen Stellen von kundigen Mönchen zerteilt und das Fleisch den wartenden Vögeln, meist Adlern und Geiern, übergeben. Die Knochen werden mit riesigen Steinen zu Staub und Pulver zermalen und gehören auch den Vögeln. Vom Menschen bleibt keine Spur zurück. Ungewöhnlich für uns, aber wir beginnen zu verstehen. Manche Hänge sind mit riesigen, kunstvollen Mandalas geschmückt. Gezeichnet aus farbigen Sand und vergänglich im Wind, aber so wunderschön, dass man selbst meditieren möchte. Die Zeit verfliegt, aber das Land und seine Kultur prägen uns. Der Klang der Muschelhörner ist für immer in unseren Ohren und das Wiederkommen ist beschlossene Sache.

Mitten in die Reisevorbereitungen für den Himalaya, für Kleintibet, schlägt das Schicksal zu. Nachts, heimlich und brutal, wie ich es nie erwartet hätte. Ein Augenblick, der mein Leben vollkommen verändert. Ich weiß nicht ob auf Zeit oder für immer. Es ist als hätte die Welt sich gedreht, alles seine Farbe verloren, denn zunächst hat sich alles verändert. Was ist passiert? Für einen kurzen Moment ist mein Herz stehen geblieben, ein Infarkt. Hubschrauber, Notaufnahme; Operation, Intensivstation, Kur zur Rehabilitation. Bin ich der, dem das Ganze jetzt passiert ist? Welche Möglichkeiten bleiben mir und was wird sein? Während ich am Laptop diese Worte schreibe über die Reise, die nie stattfand, habe ich Angst. Zukunftsangst, aber auch einen Schimmer von Hoffnung. Noch weiß ich nicht, wie eine Zukunft aussehen kann, was wird möglich sein und wie? Ich werde warten müssen, kämpfen und trainieren, aber ich werde zurückkehren ins Leben, auf welche Art auch immer und ich werde auch wieder reisen.

Nachwort

Sicher würde es dauern, ein neues Buch zu füllen. Neue Reisen, ja gerne, aber nicht mehr im Extremen sondern eher in Ruhe und mit Genuss. Leider fehlen die Erlebnisse, komplett ein neues Buch zu füllen, aber ich hoffe, die überarbeitete Variante des ersten Buches mit einigen neuen Geschichten und vielen Fotos findet Ihren Gefallen.

Danke für die Zeit, die sie mir geschenkt haben liebe Leser und für das Geld, dass sie ausgegeben haben. Für die Zeit haben sie ein paar Geschichten erhalten und das Geld werde ich einsetzen, ein Projekt in Afrika zu unterstützen.

Orte die ich sehen möchte:

Dinge die ich erleben möchte:

Mein Reisetagebuch: